中国人民大学
校史文库

■

总主编

张东刚 林尚立

战火中的大学

从陕北公学到人民大学的回顾

成仿吾 著

中国人民大学出版社

·北京·

本成果受到中国人民大学2023年度

"中央高校建设世界一流大学（学科）和特色发展引导专项资金"支持

"中国人民大学校史文库"
编纂工作委员会

"中国人民大学校史文库"总序
致敬这所以"中国人民"命名的大学

2022年4月25日,习近平总书记在中国人民大学考察调研时强调,中国人民大学在抗日烽火中诞生,在党的关怀下发展壮大,具有光荣的革命传统和鲜明的红色基因。一定要把这一光荣传统和红色基因传承好,守好党的这块重要阵地。要加强校史资料的挖掘、整理和研究,讲好中国共产党的故事,讲好党创办人民大学的故事,激励广大师生继承优良传统,赓续红色血脉。

为深入贯彻落实习近平总书记在学校考察调研时重要讲话精神,学校全面实施"'走出一条建设中国特色、世界一流大学的新路'十大工程"。其中,编写出版"中国人民大学校史文库"项目作为高等教育红色基因传承和精神品格弘扬工程的重要组成部分,包括校史编研专题、校史人物专题、学科史和院史专题等,将以正史、口述史、文集等形式,全方位、多角度展现中国共产党创办的第一所新型正规大学的艰辛与辉煌,生动再现几代人大人为中国革命、建设和改革开放事业,为中国新型高等教育的建立和发展，为新时代探索走出一条建设中国特色、世界一流大学新路所作出的独特贡献。

这是一所具有光荣革命传统和鲜明红色基因，与党和国家同呼吸、共命运的大学。中国人民大学的前身是1937年诞生于抗日战争烽火中的陕北公学，以及后来的华北联合大学和北方大学、华北大学。学校自陕北公学创办之始就探索建立了党团领导下的校长负责制，全面加强党的领导，履行"为党育人、为国育才"的初心使命。毛泽东曾深情地说："中国不会亡，因为有陕公。"爱国人士李公朴称赞华北联合大学是"插在敌人心脏上的一把剑"。很多校友用青春和热血诠释了"为有牺牲多壮志，敢教日月换新天"的凌云壮志。从陕北公学学员孔迈一句"妈，把我献给祖国吧"，到众多踊跃参军、南下或去西北奔赴解放战场的华北大学毕业生，这所来自战火中的大学所独有的革命传统和牺牲精神，已成为日后"万千建国干部"和"国民表率、社会栋梁"的鲜亮底色，化作全面建设社会主义现代化国家新征程中"勇当开路先锋、争当事业闯将"的勇气与信念。

这是一所在党的几代领导集体的关怀下发展壮大，担负着特殊使命的大学。毛泽东同志曾先后十次到陕北公学授课，先后六次为陕北公学题词，要求造就"革命的先锋队"。刘少奇同志出席中国人民大学开学典礼并发表讲话，指出中国人民大学"是我们中国第一个办起来的新式的大学……中国将来的许多大学都要学习我们中国人民大学的经验"。1977年秋，在人大复校的关键时刻，邓小平同志给予了特别关怀，并强调了中国人民大学的定位："主要培养财贸、经济管理干部和马列主义理论工作者"。江泽民同志于2002年来校考察调研，强调发展繁荣哲学社会科学与自然科学同样重要，勉励学校努力成为以人文社会科学为主的世界知名的一流大学。胡锦涛同志于2008年、2010年来校出席活动、考察学校，要求学校弘扬光荣传统，"办出特色、办出水平"，努力创建"人民满意、世界一流"大学。习近平同志曾于 2005 年、2006 年、2009 年、2012 年、2022 年先后五次到学校出席活动、考察工作。2017 年，习近平总书记致信祝贺学校建校 80 周年，充分肯定学校的办学成绩，明确指出中国人民大学在"我国人文社会科学领域独树一帜"，并殷切希望学校"围绕解决好为谁培养人、培养什么样的人、怎样培养人这个根本问题，坚持立德树人，遵循教育规律，弘扬优良传统，扎根中国大地办大学，努力建设世界一流大学和一流学科"。2022 年 4 月 25 日，习近平总书记专程到学校考察调研并发表重要讲话，充分肯定学校 85 年的办学成绩，对学校未来发展提出了重要的政治嘱托，要求学校坚持党的领导，坚持马克思主义指导地位，坚持为党和人民事业服务，落实立德树人根本任务，传承红色基因，扎根中国大地办大学，走出一条建设中国特色、世界一流大学的新路。

这是一所为中国革命、建设和改革开放事业作出突出贡献，在我国人文社会科学领域"独树一帜"的大学。中国人民大学在长期的办学实践中形成了"人民共和国建设者"的摇篮、人文社会科学高等教育的重镇、马克思主义教学与研究的高地的办学特色，为我国人文社会科学繁荣发展作出了奠基性、引领性贡献，新中国的经济学、法学、新闻学、马克思主义理论等诸多学科由中国人民大学首先创立并走向全国。从 1950 年至今，国家历次确立重点大学，中国人民大学始终位居其中；在国家历次重点学科和一级学科评估中，学校都取得了骄人的成绩。学校是国家"985 工程""211 工程"重点建设大学，2017 年学校入选国家"双一流"建设高校，14 个学科入选"双一流"建设学科。从陕北公学时期至今，学校共培养了 37 万余名高水平建设者和各行各业优秀人才，成为中国共产党探索创办新型高等教育、扎根中国大地办大学的典范和缩影。

　　这是一所一代代革命教育家、红色教育家、人民教育家筚路蓝缕、接续奋斗，"人师""经师"云集的大学。吴玉章、成仿吾、郭影秋等老一辈无产阶级革命家为学校的创立、发展殚精竭虑、夙兴夜寐，范文澜、李景汉、何思敬、吴景超、尚钺、许孟雄、何干之、戴世光、艾思奇、缪朗山、庞景仁、何洛、宋涛、袁宝华、甘惜分、石峻、吴大琨、苗力田、吴宝康、佟柔、高鸿业、胡华、刘佩弦、王传纶、邬沧萍、萨师煊、孟氧、塞风、萧前、彭明、徐禾、黄达、孙国华、查瑞传、黄顺基、方生、卫兴华、钟契夫、彦奇、钟宇人、戴逸、方汉奇、高放、陈共、阎金锷、许征帆、周诚、何沁、罗国杰、李占祥、周升业、高铭暄、王作富、胡均、阎达五、许崇德、庄福龄、蓝鸿文、赵中孚、严瑞珍、王思治、刘铮、赵履宽、林文益、陈先达、李秀林、夏甄陶、李文海、吴易风、方立天、胡乃武、周新城、张立文、曾宪义、郑杭生等一大批"经师"与"人师"相统一的"大先生"为党和人民的教育事业，为学校的学科发展、学术繁荣和人才培养作出了重大贡献。他们无论是在革命的战壕中，还是在教育战线上，所有的牺牲与奋斗的出发点与最终目标，都是为了祖国和人民，这是中国人民大学的鲜明特色和优良治学传统。进入新时代，全国高等教育领域仅有的两位"人民教育家"国家荣誉称号获得者卫兴华教授和高铭暄教授均出自中国人民大学。

　　"党办的大学让党放心、人民的大学不负人民"。如果不了解中国人民大学独特的办学历史与光荣传统，就不会理解人大人的忠诚、艰苦奋斗与实事求是的价值取向和精神追求。如果不了解中国人民大学在中国高等教育史上的独特地位和开创性贡献，就不会理解今天学校培养"复兴栋梁、强国先锋"、走出"一条建设中国特色、世界一流大学的新路"的底气与担当。

翻开人大校史，迎面而来的不单单是一所学校的发展历史和一段段感人至深的文字，还有在中国历史发生翻天覆地变化的百年间，感应时代之变、回应时代之问的一个特殊群体的贡献和一所学校所铸就的功勋。在这里，珍藏着不同时代的鲜活印记，矗立着一座座须仰视的丰碑，引人思考，催人奋进，带给我们坚定前行的力量。

校党委书记　张东刚　　校长　林尚立

2023 年 6 月 1 日

再版说明

《战火中的大学——从陕北公学到人民大学的回顾》是我国著名的无产阶级革命家、马克思主义教育家、文学家成仿吾对陕北公学到华北联合大学，再到华北大学，以及中国人民大学创办和复校初期的回忆录，是一部作者亲历的、极其珍贵的历史资料。该书初版于1982年，再版于2014年。书中所记不仅是中国人民大学的校史，而且是党办高等教育的历史，更是党领导下优秀中华儿女的奋斗史。为学习贯彻习近平总书记在中国人民大学考察调研时的重要讲话精神，传承好光荣的革命传统和鲜明的红色基因，守好党的这块重要阵地，讲好中国共产党的故事，讲好党创办中国人民大学的故事，现对此书进行再版。

此次再版，仅对个别文字进行了校订，对无法再用的图片，则据中国人民大学档案馆馆藏资料予以调整，同时补充了一些珍贵的历史图片，在此，谨对所有图片的提供者表示诚挚的谢意。

序 言

教育革命的道路

我们的祖先是很重视教育的。可以这样说：中华民族是最古老的重视教育的民族之一。

根据文献资料，我们在夏、商、周三代时，就有了"校""序""庠"的记载，这也可以说是最早的学校吧！不过，这种"校""序""庠"究竟是怎样的学校组织，各书记载并不详细，也不统一。有的把它们说成是不同朝代的不同称呼："夏曰校，殷曰序，周曰庠。"也有的把它们当作同一朝代（周代）的各级组织："家有塾，党有庠，州有序，国有学。"中国近代早期改良主义思想家郑观应曾对这种古代学校组织十分赞扬，他说："学校者，造就人才之地，治天下之大本也。古者家有塾，党有庠，州有序，国有学，比年入学，中年考校，一年视离经辨志，三年视敬业乐群，五年视博习亲师，七年视论学取友，谓之小成，九年知类通达，强立而不反，谓之大成，而又教以弦诵，舒其性情，故其时博学者多、成材者众也。比及后世学校之制废，人各延师以课其子弟，穷民之无力者，荒嬉颓废，目不识丁，竟罔知天地古今为何物，而蔑伦悖理之事，因之层出不穷，此皆学校不讲之故也。"（《学校》）郑观应把古代学校说得这么好，目的在于提倡西学，按照西方那样办洋学堂。至于中国古代学校，是否像他说的那样好，还是值得研究的。但有一点是可以肯定的，即中国在遥远的古代就很重视教育，那时就有了"校""序""庠"这样的学校组织。外国学校的出现恐怕没有中国这样早。所以，我们说中华民族是最古老的重视教育的民族之一，大致是可以成立的。

"校""序""庠"还都是一些公办学校，学生也不会多，只是一些氏族长、奴隶主、贵族及其子弟之类的少数人，主要是模仿，重在实践。私立学校要从春秋时代的孔夫子说起。孔夫子是第一个创设规模很大的私立学校的教育家，他的学校里有自己讲学的"堂"，有学生居住的"内"。他实行"有教无类"的方针，送一束干肉，就可以认作弟子，他教人分德行、言语、政事、文学四科。据说，孔门弟子先后有三千人，高才生有颜渊等七十二人（一说七十七人）。但是，孔夫子的教育主要也是为一定的政治主张服务的，也注重实践，他教育人们不要犯上作乱；他修《春秋》的目的就是在于正名分、寓褒贬、使乱臣贼子惧；他的弟子有很多人做了大官，取得很高的地位。

秦汉以后，选拔人才的办法大致可以分为两个阶段：自汉至隋为一段，自唐至明又是一段。前一阶段是以选举（即推荐）为主，间用考试；后一阶段则是以考试为主，参用科举。但是，不论选举还是考试，都是为统治阶级服务的，而且都有一个共同的缺点，即都是从现有的人才中甄拔，而不是对未成的人才加以教育。就是说，忽视了学校教育。唐宋以来，各地设立书院之风虽很盛行，但也主要是为当时的科举制度服务，侧重语言文学的。

近代以来，外国资本主义侵入，我国近代资本主义也在客观上发生和发展，科举制度的弊病愈加暴露得明显，因此，资产阶级改良派大力倡导仿照西方资本主义各国兴办学堂，并引夏、商、周三代就有学校设置以为证。而清政府中的洋务派，也感到再拘泥科举制度，偏重语言文学，亦远远不能满足现实统治的需要，也不能同西方资本主义国家竞争，在这样的内外形势下，清政府才不得不于一九〇五年正式下令停开科举，广办学校。

教育是不能脱离政治的。清政府在下令停开科举、广办学校的同时，仍然强调了"历次定章，原以修身读经为本"。因此，学校虽然开办了，但仍多是新瓶装旧酒，换汤不换药。拿一八九八年创立的京师大学堂来说吧，当时的学生仍是出身于举人、进士的京官。一九一二年，京师大学堂虽然改为北京大学，但仍然沿袭着旧传统，不是一个研究学术的机关，而是一个谋求升官发财的阶梯。学生仍然被称为"老爷"，而监督和教员则被称为"中堂"或"大人"。学生对教员的评价，不是看学术水平，而是看他在政府中的官阶。因为老师有地位，学生毕业后才有靠山。

蔡元培是我国近代教育史上值得纪念的著名的资产阶级革命家和教育家。他在辛亥革命后任南京临时政府教育总长时，就对旧的教育制度作了若干改革。他在一九一七年任北京大学校长后，曾对这个学校作了重大改革。他遵循"兼容并包"的方针，提倡学术研究，因而使北大出现了一个"百家争鸣"的局面。这样，在客观上就为李大钊、陈独秀这些新文化运动的倡导者开辟了一个活动的园地，使马克思主义得到一个可以传播的场所。我国许多早期的马克思主义者，如毛泽东、邓中夏、高君宇、黄日葵等同志，都曾在当时的北大工作或学习。

那时的北大仍然是一所资产阶级性质的大学。在那里，不仅有李大钊、陈独秀的影响，还有胡适派的影响，后者的影响恐怕比前者还要大些。因此，从北大出来的不仅有一些早期的马克思主义者，还有更多的为当时的统治阶级服务的资产阶级知识分子，如胡适的得意弟子傅斯年、罗家伦和段锡朋等人。

至于外国人直接办理的教会学校，学费昂贵、招生很少，培养出来

3

的知识分子，虽然多数还是爱国的，但确有少数人数典忘祖成了洋奴买办。毛泽东同志曾说："西方资产阶级需要买办和熟习西方习惯的奴才，不得不允许中国这一类国家开办学校和派遣留学生"（《唯心历史观的破产》）；"我国许多有名的学校如燕京、协和、汇文、圣约翰、金陵、东吴、之江、湘雅、华西、岭南等，都是美国人设立的"（《"友谊"，还是侵略？》）。当然，这并不是说所有在这些学校上学的学生后来都成了"买办"和"奴才"，事实上，与帝国主义者的愿望相反，我们一些著名的共产党人，有的也是在这些学校中学习过的；多数毕业生和留学生还是有爱国心的，现在成了为新中国服务的各门学科的老专家。毛泽东同志上述这段话的意思，是就帝国主义的办学目的和愿望来说的，就是说，它的教育是为它的侵略中国的政治服务的。

一九一八年八月二十八日，即十月革命后不久，列宁在全俄教育工作第一次代表大会上的讲话中批判资产阶级教育时指出："资产阶级国家愈文明，它就愈会撒谎，说学校可以不问政治而为整个社会服务。事实上，学校完全变成了资产阶级统治的工具，浸透了资产阶级的等级思想，它的目的是为资本家培养恭顺的奴才和能干的工人。""我们公开声明，学校可以脱离生活，可以脱离政治，这是撒谎骗人。"

列宁的这段批判，对旧中国也是适用的。毛泽东同志上面的那一段话，也就是这个意思。

旧中国确实有广大的失学失业的爱国青年，他们希望从学校中求得真知灼见，具备真才实学，以便为祖国贡献力量。但是，旧中国的那一套教育制度，理论脱离实际，所学非所用，使他们大都不能如愿以偿，毕业即失业，仍然找不到出路。记得少奇同志在中国人民大学开学典礼讲话中，批评旧大学所学非所用的时候，曾生动地举了鲁迅先生，也举了我的例子，因为鲁迅在日本是学医科的，我在日本是学工科的，结果却都成了用非所学。

总之，旧中国的教育制度是不能适应无产阶级的政治需要的，是不能适应中国新民主主义革命的需要的。

因此，中国共产党建立后，就十分强调教育不能脱离政治，不能脱离生活。重视教育必须为革命的政治斗争服务，要为当时的革命斗争和生产建设（特别是在苏区和解放区中）服务。在革命斗争和生产建设中发现人才，培养干部，使千百万的优秀人才从火热的实际斗争中成长、壮大。

为革命事业服务，从革命实践中培养干部，这绝不是说可以取消学校教育。政治和教育，这是两个不同的概念，有着各自应该包含的不同内容。一些有关社会发展规律的科学知识，一些阶级斗争和生产斗争的理论知识和专门技能，是需要通过学校教育来专门进行传授的。实用主义者杜威的"生活即教育"，即取消学校教育的观点，是我们马克思主义教育所不取法的。

因此，我们党建立后，虽然面临着十分紧迫而复杂的革命斗争，但不论是在第一、二、三次国内革命战争时期，或者是在全面抗战时期，我们都十分重视学校教育，通过学校教育来培养人才，提高文化。

至于学校教育的形式，根据各个时期的不同条件，随时都有所变化和发展。例如，一九二一年十月就在上海开办有平民女学。一九二二至一九二三年间，又开办了上海大学（共分社会学、中文、外文三系，以社会学系最大，由瞿秋白同志任主任）。一九二四年国共合作后，我们党又参加办黄埔军校，派周恩来同志去任政治部主任。一九二六年，邓中夏、刘少奇同志在广州为中华全国总工会创办劳动学院，邓任院长，刘任教授；至于毛泽东同志等在广州、武汉办农民运动讲习所，苏兆征同志等在武汉办工人运动讲习所，这更是众所周知的事了。

第二次国内革命战争时期，由于我们党和红军领导人民创造了广大的红色区域，因而也就有可能建立起自己的一套教育体系。

当时，红色区域文化教育的总方针是："在于以共产主义的精神来教育广大的劳苦民众，在于使文化教育为革命战争与阶级斗争服务，在

序言

于使教育与劳动联系起来，在于使广大中国民众都成为享受文明幸福的人。"(《毛泽东同志论教育工作》)

红色区域文化建设的中心任务："是厉行全部的义务教育，是发展广泛的社会教育，是努力扫除文盲，是创造大批领导斗争的高级干部。"(同上)

根据这个总方针和中心任务，各个根据地的党组织采取了革命措施，依靠群众力量，创造性地建立起各种新型学校，创造了各种崭新的教育组织形式，奠定了革命政权下的新教育制度。所有这一切，才真正是中国历史上的教育大革命。

一九三三年，党在瑞金成立了共产主义大学，培养党的工作干部。同年还成立了苏维埃大学，设有土地、国民经济、财政、劳动、教育、司法等班。还设立了工农红军大学，以培养军事干部。设立中央列宁师范学校，以培养教育工作干部和学校师资。此外，还设有各种技术学校和军事特科学校，如无线电、卫生等技术学校，工农红军步兵特科学校等。虽然由于战争环境，学校的设备简陋，学习期限短促，但以高昂的革命精神来办学，却培养出为党为人民所需要的大量的优秀革命干部。

除上述学校教育外，根据地内还普遍实行社会教育和儿童教育。社会教育的形式是在农村中普遍设立夜校，儿童教育的形式则是在农村中普遍设立列宁小学。一九三○年，在国统区号称教育最发达的江苏省，入学儿童仅占学龄儿童的 13%；而红色区域内，如兴国县的入学儿童，却占学龄儿童的 60% 以上。

说到红色区域的革命教育，我们非常怀念无产阶级的老革命家、老教育家徐特立同志。徐老和他从事的教育事业是应该在中国近代教育史上大书特书的。徐老在一九三一年十一月七日召开的中华工农兵苏维埃第一次全国代表大会上当选为中央执行委员，他和瞿秋白同志一道被任命负责教育人民委员部的工作。秋白同志为部长，徐老为副部长。但秋白同志从一九三一年夏到一九三四年初还未进入中央苏区，所以红色区域的教育工作，实际上由徐老负责。

徐老不仅负责教育人民委员部的领导工作，而且亲自创办师资训练班（不久就发展成为中央列宁师范学校）。这个师资训练班的全部教学工作由他一人承担：一切教材、课本由他一人动手编写，一切课程由他一人讲授，一切问题由他一人负责处理。他与学生同甘共苦，自己种菜、煮饭、摇铃、扫地、参加熬硝盐等，什么都做。徐老的这种作风一直保持着，红军长征到陕北后，他在瓦窑堡仍旧办列宁师范学校，从校长到炊事员，都是他一人兼任。有一次，我到师范学校去找这位徐校长，但到处找不到他，到伙房才找到了他，原来这位老校长正在帮厨给学生烧饭呢！他这种精神，真是古今中外难得的师表。

一九三一年，我从德国回来，被派到鄂豫皖根据地工作，担任鄂豫皖省委的宣传部部长和苏维埃文化委员会的主席。那时，负责审查各县的识字课本，也自己动手编写识字课本。一九七九年，湖北省还给我送来一本当时英山县苏维埃文化委员会翻印的列宁小学校使用的《识字班课本》第二册。这本书是在第一册认识三百字的基础上编的，共二十九课，都是密切联系实际的。例如：

第十二课讲土地革命，课文中写道：

> 风把稻吹成黄的波浪，
> 热血儿在我心头震荡，
> 一片前进的呼声把豪绅地主骇得神魂飘荡。
> 同志们！
> 快举起镰刀、斧头、大红旗，
> 求我们自己的解放！

第十九课是讲党的领导，课文中写道：

中国共产党，

是无产阶级革命的先锋队，

是豪绅地主的死对头。

我们无产阶级要在共产党领导之下，

坚决奋斗，才能彻底解放。

　　课文紧密结合革命政治，同时也很重视文字练习，例如第二十三课的课文便这样写道："我们不但读书，我们还要练习写字。字写的好，才能写信，做简短文字，生活上才添许多便利。"

　　课文还注意了结合儿童生活的特点，例如，第二十七课便是这样一段课文："我在路边放牛，路上走来一个叫花子。我怕他是白匪的侦探，向他要通行证。他没有通行证，我把他送到乡苏维埃去了。"

　　这个识字班的课本是当时由我编审的，时光流去了将近半个世纪，今天读来，倍感亲切。从这个课本看来，可以知道，我们革命根据地的教育是紧密结合当时的革命政治斗争、军事斗争的，是为它们服务的。

　　七七事变爆发后的新形势，要求我们全民族培养出大量的政治、军事、文教、财经、群众运动等各方面的干部，以适应抗战的需要。

　　但是，国统区的高等教育和干部教育，已远远不能适应这种需要了。当时国统区的高等学校，已纷纷停办。有的向西南大后方转移，但也被弄得破烂不堪，教师不能安心教学，学生也不能安心学习。有的学校则关门大吉。例如原设在青岛的很著名的山东大学，在日本强盗还未打到山东的时候，就搬了家，六七百人带着图书、仪器，向西南大后方转移，一边走一边减员，图书、仪器也一边丢散，结果到四川后，人和东西几乎丢散殆尽，办不成学校了。山东大学如此，其他学校也有类似的情况。这样的高等教育状况，怎么能适应抗战的需要呢？国民党也有干部教育，办有各种训练班，但是除了一部分实际上由我党人员和抗日进步人士掌握的训练班以外，大部分国民党办的训练班，在抗战初期只为国民党的片面抗战路线服务，而在武汉失守以后，便逐步成了灌输法西斯教育的训练班。这是和国民党反共反人民的政治需要相适应的。

和国民党相反，中国共产党从抗战一开始，就狠抓干部教育，以适应全面抗战的需要。因此，在陕甘宁边区，除设有中国人民抗日军政大学（简称"抗大"）外，又设有陕北公学等培养干部的学校。此后，各根据地也仿效这种榜样，纷纷设立各种干部学校（如建立各地的抗大分校，晋察冀成立有华北联合大学等）。

中共中央十分重视这种干部教育。一九四二年二月二十八日中央政治局通过的《中共中央关于在职干部教育的决定》中说："干部教育工作，在全部教育工作中的比重，应该是第一位的。"又说，"'在政治方针决定之后，干部就是决定一切的因素'。如不把干部教育工作看得特别重要，把它放在全部教育工作中的第一等地位，就要犯本末倒置的错误了"。

全国解放，即无产阶级领导人民夺取政权以后，具备了办好教育的各方面的优越条件，形势也迫切需要提高教育的水平。特别是在向现代化进军的新长征途中，需要更高水平的教育。如果不能提高教育的水平，我们的现代化是很难实现的。例如，为了现代化，我们不仅需要大量的具有现代化科学知识的技术人才，而且也需要大量的具有现代化科学知识的经济管理人才，而一切参加现代化建设的干部又都必须懂得科学社会主义，懂得新时期的政治学、法律学……而所有这一切，没有高水平的教育，都是不可能实现的。因此，我们一切教育工作者，不管是从老解放区来的，或者是从原国统区来的，或者是在中华人民共和国成立后才成长起来的，都不能骄傲自满、故步自封，而需要不断地解放思想，开动脑筋，适应新情况，研究新问题，探索新道路。将来实现共产主义，更需要高水平的科学技术，也更需要高水平的教育。因此，思想要不断解放，教育才能不断提高。思想解放没有止境，随着社会的不断

序言

发展，教育的提高也是没有止境的。一切教育工作者都应该毫无保留地贡献出自己毕生的精力。

奉中央指示，我从抗战开始就在延安创办陕北公学，后又在晋察冀边区办华北联合大学，以至解放战争期间的华北大学和新中国成立后的中国人民大学。时间已经流逝四十多个年头。孔夫子办学，弟子号称三千；我们四十多年来培养的干部何止三万、十万？现在，许多老同学已分布在全国各个地区和各个部门，不少人已成为国家的栋梁。无论在战争时期或社会主义建设时期，同学中出现过不少烈士，这些同学虽然早已不在人间，但他们的可歌可泣的事迹，却永远激励着我们这些幸存者前进！

中国人民大学建校已届三十周年，复校也已两年多。抚今追昔，我

★ 高高飘扬的陕北公学校旗

回忆起从陕北公学以来我们在战火中办大学的艰苦的年代，回忆起在战斗年代，在艰苦的斗争中，我们的同事和同学中那些英勇地献出了宝贵生命的英烈。每每回忆起这些死难烈士来，他们的音容笑貌还宛然如昨，常使我激动缅怀。我深感有责任把我们在战火中办大学的事迹记述下来。我现在把这些战争年代的往事（从陕北公学、华北联合大学到华北大学）作一个梗概的回忆（这个回忆，由我口述，由胡华、彭明、刘炼三位同志笔录整理），其目的也就是为了发扬老解放区教育的光荣传统，继往开来，为建设现代化的社会主义强国而办好教育，为进一步办好中国人民大学而提供一个教育史、校史的史料。

　　人类的发展，首先依赖于宇宙的存在与发展，而这需要无数的世

★　成仿吾与胡华（右一）、彭明（左二）、刘炼（左三）、陈光（左一）讨论《战火中的大学》书稿

纪。人类社会的教育也同样需要漫长的世纪供它发展。各民族教育的历史发展，首先都经历了漫长的模仿的阶段，这一阶段几乎同人类的历史发展一般源远流长。有的落后地区，经过奴隶社会，甚至封建社会，还保留着模仿的实质。在中国，语言文学的模仿经历了许多朝代，其他知

识的教育都是很落后的。许多资本主义国家，资本主义现代化教育实行了几百年还很少普及，许多地区文盲才刚开始消灭。当然，在资本主义条件下，文盲是不能完全消灭的。

西方资本主义国家中，很大一部分经过了中世纪漫长的黑暗时代，实现了教育的资本主义现代化，有些已经逐渐"老化"了，像它们在政治与经济上早已老化一样。我们由于封建时期特别长，也由于帝国主义侵略割据，所以我们的反帝反封建的革命不能是单纯民主民族的，一般资本主义的，而是新民主主义的，包含有社会主义的内容，即使得它不能只是一般资本主义的，而不能不迅速过渡到更高的阶段，即社会主义。在反帝反封建革命的初期，我们甚至实现了战时共产主义。

西方资产阶级，在它仅仅几百年的统治时期作出了前人很难想象的巨大的物质成就，但它唯利是图，目光如豆，在精神方面倒退了不止一步，它实现的教育的资本主义现代化仅仅满足了它剥削的需要，对人的要求只是以满足资本的眼前利益为限，别的东西不在它考虑的范围内。

★　成仿吾在给学生代表讲《战火中的大学》中的故事

这连各种霸权主义也不例外，因为它本质是离不开资本主义的，虽然戴着各种各样的假面具。

我们从新的民主革命开始，就走了另外的道路，我们的方针是德智体全面发展，这一方针贯穿在教育工作的各个方面，是教育工作的准绳。我们可以把教育工作理解为在德育、智育与体育方面全面发展，使受教育者成为有社会主义觉悟的、有文化的劳动者。这样的教育显然不能是资产阶级的，而只能是无产阶级的。它只能是为培养社会主义与共产主义社会的新人服务的。

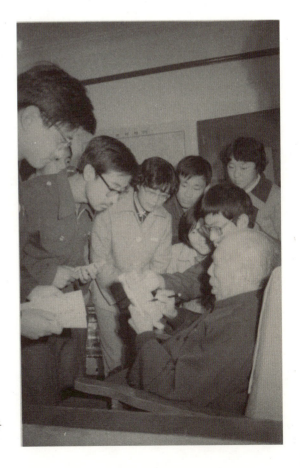

★ 一九八三年十月二十六日，成仿吾在《战火中的大学》上为学生题字

序言

目 录

第二章

华北联合大学（抗日战争时期）

第三章 华北联合大学（解放战争时期）

第四章
从华北大学到中国人民大学

籌辦陝北公學

實施國防教育培養抗戰人才

柱特訊：目前抗動後，爲了實施佐教育，培養抗戰才，由林的渠送、董必武、徐特，成仿吾、張云逸六人，在陝北延安，發起建立陝北公校址設立延安縣等，由成仿吾担

任校長。就校內分設治經濟系、師範速成系、醫藥系、國防工題系，日本研究系等五系，職員名額暫定一千名。招第二批人人資格：規定政治經濟系畢業高中畢業及同等程度者。其餘

程度者。目前已正式成正醫備遴、山成仿吾籌未辦。關於校舍及各種設備，正積極籌備中。凡入學者與一律收錄狀。問題均已在三順，西安、延安等三地設立有名額。係於本年暑十

內著初中畢業名同學前期行開學公。

第一章

陕北公学

一、为挽救民族危亡，开展抗战教育

　　陕北公学是中共中央直接领导创办的第一所革命的大学，是在民族危机日益严重的形势下，为满足全面的全民族抗日战争的需要，坚持国防教育培养万千谋求民族解放和社会解放的干部而创办的大学。一九三七年八月成立于延安。

　　一九三七年七七事变，日本帝国主义悍然把侵略战火由关外燃烧到华北，燃烧到全中国，发动了全面的侵华战争。日本侵略者疯狂地强占我国土，掠劫我财富，残杀我同胞，妄图用野蛮的暴力征服中国，把整个中国变为它独占的殖民地。日本法西斯强盗不仅要奴役我中华民族，而且也要用一切野蛮手段毁灭我文化。在北平这座文化古城里，高等学府变成了日寇的兵营，古代文物被劫掠，历史文献被焚毁，清华、燕京等大学被轰炸，成千上万青年被迫失学。日本侵略者轰炸天津尤为残酷，北方最高学府之一天津的南开大学，在日本法西斯的炮火下，转瞬间化为焦土。上海、江浙一带的文化机关、高等学校都成为日机轰炸的目标。迁到长沙的清华大学也未能逃脱被炸的命运。山东的大、中、小学和文化机关也相继被摧毁，山东大学被迫西迁，一路上人员四散，图书、仪器毁弃殆尽。五千年悠久历史的中华民族面临着严重的民族危机和空前的文化浩劫。

　　中华民族不甘被奴役，中国的优秀青年更不能坐视祖国和父兄姊妹受此凌辱。早在七七事变前，他们就奋然前行，投身于抗日救亡斗争，掀起伟大的"一二·九"运动，但是被节节退让实行不抵抗主义的国民党当局镇压了。学生组织南下工作团，要求南京政府抗日，又中途受阻，被押回平津。"一二·九"运动中的先进青年，在中国共产党领导下，组织了"中华民族解放先锋队"，在华北各地进行抗日救亡工作，但是国民党也不容许它合法存在，到处勒令解散。直至七七事变，人民的抗日爱国运动仍然受到国民党政府的百般阻挠和限制。

大批失学失业的青年从敌占区逃出来，过着流亡的生活，在急切地寻找着抗日救亡的道路，寻找着抗日救国的真理，但是，在国统区却是抗日有罪，爱国无门，到哪里去呢？到前线去吧，到后方去吧！这时，中国的西北方、陕北高原上矗立起一座灯塔，照亮了抗日救国的航道，强烈地吸引着全国的爱国青年。这就是中国共产党长征到陕北后建立起来的陕甘宁抗日根据地的首府，全国最民主最先进的政治中心——延安。

★ 一九四四年延安宝塔山（[美]福尔曼 摄，照片来源：延安大学）

第一章 陕北公学

　　中国共产党领导中国工农红军长征到陕北后，立刻高举民族解放的旗帜，一面领导和发动了伟大的"一二·九"运动，推动了全国的抗日救亡运动；一面东渡黄河，奔赴抗日战场。中国共产党提出了抗日民族统一战线政策，愿同一切抗日武装合作，共同抗日。首先红军在西北同东北军、十七路军达成联合抗日的协定，接着又和平解决了西安事变，迫使蒋介石同意"停止内战、一致抗日"的主张，这样，才出现了全国抗战的局面。

　　全国抗战的局面虽然出现了，但是国民党政府毫无全面抗战的准备。只有中国共产党积极地进行抗战的准备工作。当时，毛泽东同志指出："中国的救亡抗战，必须用跑步的速度去准备。"(《中国共产党在抗日时期的任务》) 其中一个很重要的准备，就是抗战干部的准备。在这民族危亡的紧要关头，中国共产党必须挺身而出，担负起领导民族解放战争的历史重任。党的组织必须迅速向全国发展，就要求以最短的时间、最快的速度培养大批革命干部去做唤起民众、组织民众、武装民众参加抗战的工作，以适应全国抗战的迫切需要。

　　民族危机和抗日战争要求迅速开展革命的国防教育。西安事变后，毛泽东同志就高瞻远瞩地提出重视教育和培养大批干部的任务。一九三七年五月，党的全国代表会议规定了要加强红军的军事政治文化教育，要实行必要的文化建设。党的六届六中全会制定了"教育为长期战争服务"的方针，并作出了"创设并扩大增强各种干部学校，培养大批的抗日干部"的决议。因此，党中央在陕甘宁边区先后成立了各种类型的学校。除去红军大学改为抗日军政大学外，陆续创办了陕北公学、安吴堡战时青年训练班、延安工人学校、鲁迅艺术学院、中国女子大学和马列学院；此后，还成立了社会科学院、自然科学院、行政学院（后三院合并为延安大学）；还有鲁迅师范、卫生学校、通讯学校、摩托学校等等。培养军事、政治、文化艺术、科学工程、医务卫生、社会科学理论、青年妇女工作等各方面的干部。这些学校按照党中央和毛泽东同志规定的国防教育的方针办学，即教育为长期抗战服务，根本改革旧的教育制度和教育方法，实行革命理论和革命实际结合、教育与政治结合的原则。陕甘宁边区是全国最先进的地区，它的教育事业很快吸引了全国各地的进步青年。

★　一九三六年成仿吾在保安（〔美〕斯诺　摄）

一九三五年，我随中央红军，经过二万五千里长征到达陕北。中央机关先是在瓦窑堡和定边一带。我当时在中央党校工作，是党校的教育主任。党校先驻在保安及长城脚下的定边。西安事变后，张学良将军把东北军撤至西安以便对付何应钦的进犯，而把延安留给我们。一九三七年一月，毛主席率党中央机关迁到延安。一九三七年一月一日，中央党

第一章　陕北公学

战火中的大学

从陕北公学到人民大学的回顾

★ 革命青年奔赴延安（一）

★ 革命青年奔赴延安（二）

校由定边搬到延安桥儿沟天主教堂。从此，延安就成为抗日战争和中国革命的新的灯塔。

这时全国各地进步青年正在迫切地寻找抗日救亡的道路。这些年来，他们清楚地看到国共两党对待抗日的两种截然不同的态度，逐步认识到中国共产党是中国真正能够领导抗日的政党，把民族解放和社会解放的希望寄托在我们党身上。于是许多爱国青年辞别父母、离乡背井，千里跋涉，突破敌人的封锁，纷纷奔向延安，他们中大部分是青年学生，也有少数工人、职员和公务人员，还有从南洋、日本、欧美回到祖国参加抗日救亡工作的华侨青年。华北各地的民族解放先锋队队员也成群结队地到延安来。这时，"到陕北去"，"到延安去"，成为进步青年要求参加抗日、参加革命的共同愿望。

在这种形势下，一九三七年初，党中央、毛主席指示红军大学改为抗日军政大学，对广大革命青年开门，设立第四大队，专门招收由国统区和敌占区进来的大、中学生。

党中央十分重视第四大队的教育工作，特地调中央党校校长董必武同志来担任第四大队的政委；又从第一、二大队中抽调一些老红军、老干部担任第四大队各队的队长。第四大队先后成立六个队，大队长兼九队队长是聂鹤亭同志，他是黄埔军校武汉分校的毕业生，后来调出去做过彭德怀同志的指挥部的副参谋长。各队队长有边章五同志，是十队队长，一九二三年保定军校毕业，后担任延安城防司令。有何长工同志，是十一队队长，此外还有刘忠、谢翰文、文年生、谭家述等同志，领导干部的阵容是相当强的。另外还从第二大队调来季凯同志（上海产业工人）给董必武同志当政治干事，兼第四大队的分总支书记。当时在第四大队学习的学员有黄华、周荣鑫等同志，现在人民大学的副校长孙力余同志也在第四大队学习过。

第四大队的教员就由红军大学和中央党校的教员兼任，毛主席和博古同志在第四大队讲过"辩证法"和"中国革命史"，这是最受欢迎的两门课。

第四大队的学员经过短期训练，于一九三七年六、七月相继结业，多数学生分配到八路军各师，走上抗日前线，少数同志留在延安和边区工作。其中有五六十名新党员分配到中央党校来继续学习，由我负责组织安排他们的学习和工作。首先安排他们下乡锻炼，接触社会实际。我主要做了两方面的工作：一方面对这些学员说，革命知识分子要和工农结合，要了解边区的实际状况，下乡后不要看不起没有文化知识的农民，在政治觉悟上你们还不如这些老苏区的农民，要积极参加劳动和农村工作，自觉锻炼自己。另一方面召集有关乡支部书记开会，向他们介绍这些学员的情况，说这些同志是从大城市来边区不久的知识分子，他们文化水平高，有革命热情，但政治水平不高，对边区实际斗争了解很少，到农村来实习和锻炼，村干部要教育农民爱护他们，帮助他们，不要看不起他们。这样，两方面合作得很好。经过一个多月的锻炼，一九三七年七、八月间，他们就回党校来学习马列主义和党的知识等课程。这些大城市来的知识青年上这一课是十分必要的。

二、创建陕北公学

七七事变爆发后，由于实现了第二次国共合作，形势比较好，到延安来求学的知识青年日益增多。在抗日军政大学中办培训大队已经不能适应抗战形势发展的需要了。党要向全国发展，八路军要迅速壮大，以实现全面的全民族抗战，就必须培养大批抗战干部。于是，一九三七年七月底，党中央决定成立陕北公学，委托林伯渠、吴玉章、董必武、徐特立、张云逸等几位热心教育事业的老同志和我一起负责筹备创建陕北公学的工作。

在全国各地学校纷纷关门、迁校、逃散的时候，我们却在延安迎着敌人飞机的轰炸，大办抗战教育，创建陕北公学，挽救中国教育的危机。我们陕北公学的成立，是抗战的教育，也是教育上的抗战。

★ 陕北公学筹备委员会
委员林伯渠

★ 陕北公学筹备委员会
委员吴玉章

★ 陕北公学筹备委员会
委员董必武

★ 陕北公学筹备委员会
委员徐特立

★ 陕北公学筹备委员会
委员张云逸

★ 陕北公学筹备委员会
委员、陕北公学校长成仿吾

　　党中央调我担任陕北公学的校长，并指定由中央组织部副部长李富春同志直接领导，筹备工作中有什么问题直接向富春同志请示和报告。

　　我早年留学日本，在东京帝国大学学的是造兵器专业。后来回国参加革命运动，到苏区后，先后在鄂豫皖苏区和中央苏区做党的宣传教育工作，在红军大学和中央党校教过马列主义理论课。现在党要我主持创办陕北公学，做培养干部的教育工作，我认为这个工作很重要，是关系到抗战的胜利和中国革命未来的工作，于是很高兴地承担了这个任务。

　　学校取什么名称呢？开始原决定叫陕北大学，由于经费问题向国民政府申请批准。当时国共合作，陕甘宁根据地是国民政府所属的一个特区政府，重大问题要向他们报告。谁知蒋介石不批准，他说陕北一块小小的地方，已经批准成立了一个抗日军政大学（红军大学改为抗日军政

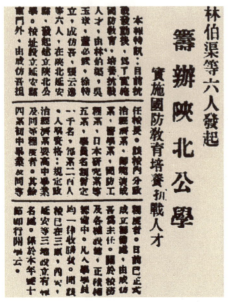

林伯渠等六人發起

籌辦陝北公學

實施國防教育培養抗戰人才

★《新中华报》报道筹办陕北公学

大学时，得到国民政府的正式批准），足够了，不能再成立什么大学了。这怎么办呢？我们不能被蒋介石捆住手脚，于是改个名称，仿照过去上海中国公学的办法，改为陕北公学。这样，蒋介石就没有理由反对了。陕北公学的校名就是这样来的，反映了我们党抵制蒋介石的限制政策，独立自主地发展抗战教育的决心。

校名决定后，立即进行紧张的筹备工作。我们是一边招生一边筹备，工作是很繁重的。

为了广泛地招收知识青年到延安来学习，陕北公学和抗日军政大学联合招生，通过各地党组织和八路军办事处在全国许多报纸、杂志上公开发布招生启事，由陕北公学校长成仿吾和当时抗大校长林彪联合署名。招生启事的主要内容是：前方战争正在进行，军事、政治、民运各项工作，均需人才，凡是十八岁以上有志参加抗战的青年，身体健康，不拘文化程度，不分性别、出身、职业、信仰和党派，皆可报考，学习两个月后，即上前线参加抗战。还列明学习的课程是"抗日民族统一战线""抗日民运工作""抗日游击战争"等。首先在三原、西安、延安三地设立报名处。到西安去招生的是陈英同志和李新同志等，各地青年报名十分踊跃。有许多学生是由武汉、长沙、桂林等地八路军办事处介绍来的。徐特立同志曾从长沙写信介绍过一批学生。郭沫若同志和沈钧儒先生也介绍不少学生来陕北公学。东北救亡总会刘澜波同志从武汉送了许多学生来，后来他怕陕北生活苦，饿坏这些青年，还特地从武汉跑来看望这些青年，见他们吃小米饭长得红红胖胖的，才满意地放心回去。这是以后的事了。陕西省委也从西北各地介绍许多青年来陕北公学。

这些学生大都是先到西安，由西安八路军办事处负责组织起来，一批一批地介绍到延安来。一时西安至延安六百多里的大路上，穿着各式服装、背着简单行李的青年，络绎于途，源源不绝。大家互相询问着："到哪里去呀？""去延安！"志同道合的青年们很快结伴同行，唱着歌，兴奋地北进。

我们当时的方针是"来者不拒"，尽量接收从国统区来的青年。但是由于陕北公学是我们党创办的第一所高等学校，要求新生有中等文化水平，以有利于学习马列主义理论。所以招生简章上虽然说"不拘文化程度"，但招生处接收学生时，也要考虑文化条件。当时也有少数青年工人不顾一切地跑到延安来要求入陕北公学学习。例如杨长春同志，一九三七年冬他到陕公来学习，还经过一番周折呢！他原是南京一个兵工厂的工人，有爱国热情，要求参加抗日工作，苦于无门。一天，他在《生活》周刊上看到陕北公学的招生广告，兴奋极了，他说自己正是"有志参加抗战"的青年，就毅然悄悄地离开工厂，冒险到延安来。他先到武汉，由武汉八路军办事处介绍到西安八路军办事处。我们陕北公学在西安负责招生的同志对他说：陕公招学生，不知能不能收工人。就请示西安八路军办事处主任林伯渠同志，林老说："工人很好嘛！我们负责介绍。"第二天就送杨长春同志到延安来。到陕北公学后，有的工

11

作人员也因他的文化水平问题，考虑是否接收。后来我知道了，就找杨长春同志谈话，我对他说："兵工厂的工人，我们特别需要，为什么不收呢！"这样，就决定接收了，编入七队学习。又如章萍同志是从唐山来的开滦煤矿工人，他编在三队学习。后来，我们又办了延安工人学校，专门招收工人，妥善地解决了这个问题。

陕北公学自一九三七年八月开始接收学生，到十一月一日正式开学，连同抗大移交过来的国统区学生二百多人，共有新学员六百多人。编为五个队，第五队是女生队，主任是宋琏同志。这期学员大部分是十五岁至二十五岁的大、中学生，许多人参加过当地抗日救亡运动，有的是民族解放先锋队队员，也有少数在国统区入党的新党员。据统计，这期学员来自全国二十五个省（内台湾青年一人）和平、津、京、沪四市，最多的是来自陕西、河南、河北和东北的青年。此外，还有从南洋、朝鲜等地归国的爱国华侨青年。这些南腔北调、各式装束的青年，从祖国四面八方汇集到一起，在陕北公学开始了新的战斗生活。

初建陕公时，困难极多，可以说是白手起家，一缺干部，二无校舍，而学生却源源不断地到来。接待工作很繁重。我们只有一边接收学生，一边调配干部，建立领导班子。

 ★ 陕北公学最早的校舍之一

我于一九三七年八月初离开中央党校，调任陕北公学校长，只从党校带了几位同志来，他们都是参加过二万五千里长征的工农干部；又从抗大调来十几位同志，他们负责接待新学员。学校就设在延安城东门外延河之滨，北靠清凉山，南向宝塔山。那里是个飞机场，旁边有一些平房，原是一个汽车训练班的房子，有十几个干部，连人带房子一起拨给我们，在这里安顿了第一批陕北公学学生。我们就在这黄土高原上的延安城飞机场旁，创办了中国第一所崭新的革命干部学校——陕北公学，我们培养出来的学生，就从这里出发被派到全国各战区，成为各条战线上的抗日新生力量。

办学校首先要建立起领导班子和配备教员。我带了几个人来到这简陋的校址，什么都干，忙得实在喘不过气来，就写信向毛主席报告说，学校开始筹备了，没有教学工作和政治工作的领导干部怎么行呢！请求党中央增派领导骨干和教员来。毛主席见信后大力支持，很快帮助我们解决了问题。

当时毛主席在抗日军政大学中亲自主持办了一个学习班，有二三十人，都是一时尚未分配工作的老干部。毛主席就从这个学习班中选调了几位同志来陕北公学担任领导工作。

当时陕北公学的组织机构很简单：学校的最高领导是党组，直属党中央宣传部和组织部领导，我任党组书记兼校长。并设教务处、总务处和生活指导委员会（后来改叫政治部）。那时是党组领导下的校长负责制，党总支在党组领导下专管党务工作。

邵式平同志任教务长，主管教学工作，也兼教员。他受过高等教育，原是北京师范大学的毕业生，是赣东北革命根据地的创始人之一。

周纯全同志是生活指导委员会主任，主管政治工作。他原是武汉工人，参加过黄（安）麻（城）起义，后做过鄂豫皖苏区政治保卫局局长和红四方面军政治部副主任。

袁福清同志是总务处处长，他是长沙泥木工人的领袖，曾做过中华苏维埃共和国政府总务厅主任。

鲍建章同志是总务处副处长，主管后勤工作。他原是红军参谋，长征中负伤，调到后方做后勤工作。

这些同志是陕公初建时的领导骨干。此外还有季凯同志是陕北公学第一任总支书记，张瑞华同志（聂荣臻同志的夫人）担任组织工作，等等。

接着，党中央陆续从国统区抽调一批知名的学者、文化人到陕北公学来当教员。"八一三"淞沪会战后，党中央打电报给上海地下党，指名调艾思奇、何干之同志到延安陕北公学来做教员。他们接到电报后，和周扬、李初梨等同志一道，经南京到西安八路军办事处，由中央派汽车接到延安，这是抗战后第一批由国统区到陕北根据地来的党的文化教育工作者。他们到延安后，艾思奇和何干之同志分到了陕北公学。

还有一些知名的文化人先后在陕北公学任教，如李培之、李凡夫、徐冰、杨松、何定华、陈唯实、吕骥等同志，后来，又从工作人员中抽调出一些年轻教员如孙力余、刘春、季凯、朱改、温济泽、李唯一、陈瑯环等同志。陕北公学的教师队伍还是很强的。

陕北公学创建时，物质条件是十分困难的。我们知道，陕、甘、宁三省原是贫瘠的地区，红军到陕北之前，一九三〇年以来，西北大饥荒，有的县饿死的人占全县人口的 62%，有的竟高达 73%。甘肃一省就饿死了二百万人，再加上国民党反动派和马步芳统治下苛捐杂税多如牛毛，有的农民卖出二十亩土地，只够买三天的粮食。红军到达陕北后，第一年废除一切捐税，第二年开始征收少量土地和营业税，党领导农民分得土地，开垦荒地，经济情况逐渐好转，但人民生活仍然是很苦的。党中央各机关到陕北后，势必会增加人民负担。我党关心人民疾苦，努力减轻人民负担，办一切事业都力求节省。因此创建陕北公学时，边区政府只发给我们一千八百元开办费。

陕北公学经过两个月的紧张筹备工作，于一九三七年十一月一日在延安正式举行开学典礼。这天天气晴朗，清凉山下，延河岸边，到处是青年欢快的歌声。党中央和延安各机关派了七八十位代表来参加。下午一点钟，陕公第一期六百多名学生，身穿灰蓝色的制服，排着整齐的队伍，精神抖擞地走进会场。这些英姿勃勃的青年，将是我们伟大抗日战争的骨干，也将是未来新中国的栋梁，我们感到肩上的责任是很重大的。

最令人高兴的是毛主席来参加我们的开学典礼。陕北公学筹备委员会推选了主席团，由我主持开会并致开幕词，报告了陕北公学筹备的经过，介绍了我们发起建立陕北公学后，在全国产生了很大的影响，现在到陕北公学学习的学生不仅有北方人，还有云南人甚至还有暹罗（泰国）人；开课已经两个月了，学习也走上了轨道，学生加强了纪律性，以最高的热忱来努力完成教育计划；等等。

接着是毛主席作重要报告。他从国内抗战形势，讲到陕北公学的任务和培养目标。在开学典礼前一周，即十月二十三日，毛主席为陕北公学成立写了一个重要的题词，这是我们都很熟悉的一段话。这个题词是："要造就一大批人，这些人是革命的先锋队。这些人具有政治远见。这些人充满着斗争精神和牺牲精神。这些人是胸怀坦白的，忠诚的，积极的，与正直的。这些人不谋私利，唯一的为着民族与社会的解放。这些人不怕困难，在困难面前总是坚定的，勇敢向前的。这些人不是狂妄分子，也不是风头主义者，而是脚踏实地富于实际精神的人们。中国要有一大群这样的先锋分子，中国革命的任务就能够顺利的解决。"

毛主席在开学典礼大会上的讲演，详细地分析了当时中国的抗战形势，说明陕公培养干部的重要意义，进一步阐述了这个题词的内容。

★ 一九三七年十一月一日陕北公学开学典礼会场门口

★ 毛泽东在陕北公学开学典礼上作题为《目前的时局和方针》的演讲

★ 陕北公学学员在听报告

毛主席指出，现在的抗战形势是很紧张的。上海第二道防线已经失守。晋东敌人已经突破了娘子关，要与晋北之敌配合，向太原前进。目前有两个问题提出在我们面前，就是：第一，再打还是不再打？第二，怎么样打？

可是现在的战争形势，对我们显然不利。这是什么原因呢？这是由于过去我们只是片面的抗战，不是全面抗战。而国民党以及外面很多人说现在已经是全面抗战了，这是不对的。因为在地域上说是全面，在成分上说只是一面，还有广大的群众没有发动到抗战中来，只是军队和政府来干而已，所以我们遭受了许多失败。在这种情形下，有一种新的危险在增长着，汉奸与亲日派乘机抬头，"战必败""唯武器论"这一套，一定会跟着大加宣扬。他们的结论是：中国打不过日本，只有投降。所以民族投降主义是目前新的危险。

但是我们决不要悲观，要看到我们抗战的有利条件：那就是我们的民族解放战争是百年来未有的，它的性质是革命的；在抗战中国内是比较团结的；军事上也给了日寇以相当严重的打击；我们取得了国际间的同情；最重要的一条，就是自抗战以来，在战争中取得了深刻的教训，认识到片面抗战是不能取得胜利的。因此我们决不要悲观，而要坚决打到底，一直打到最后一个人一根枪还要再打，要为保卫祖国流最后一滴血。这就是中国共产党对目前时局的根本方针。

但是怎么样打呢？毛主席说，在军事上要学八路军的打法，就是要活打，不要死打，过去国民党的打法，只是被动地挨敌人的打，这样不行。我们抗击敌人，最主要的是执行共产党的抗日救国十大纲领，动员四万万五千万中国人民参加抗战，组织他们，武装他们，这是一个最伟大的力量，只有动员起这个力量，中国才能打胜仗。所以全国一定要学习八路军的样子，真正做到军民一致，官兵一致，我们要改造旧军队，加强军队中的政治工作。只有这样，才能挽回目前严重的局势。有了坚持抗战到底的方针和动员群众抗战的方法，我们就一定能战胜日本帝国主义。

毛主席最后讲到陕北公学的任务，他说，我们要造就大批的民族干部，他们是有革命理论的，他们是富于牺牲精神的，他们是革命的先锋队，即如给陕公题词中所指出的那样的干部。他说，只有靠成千成万这样的好干部，有上述革命的方针和办法，才能执行全面的全民族的革命战争，最后战胜日本帝国主义。

毛主席的报告，给陕北公学指明了办学方向和培养干部的目标。陕北公学一开始就是在党中央和毛主席指导下，坚持教育为抗战服务，为党的政治路线服务的正确方针。长期以来，陕北公学和后来的华北联合大学的学员都是按照毛主席题词中所提的目标要求自己锻炼自己。

开学典礼上还有其他中央领导同志讲话。边区教育部部长陈正人同志阐述了陕北公学的教育内容，他说陕北公学要用最进步、最科学的理论武装我们的头脑，要和各种反动的理论和思想作斗争；要学习马列主义和中国革命的经验，学习游击战争的战略战术；等等。李富春同志的讲话，全面地分析了陕公学生的优缺点，指出要培养自己成为民族革命中的青年先锋战士，就要艰苦锻炼自己，就要学习社会科学，这是陕北公学同学第一件重要的事。

毛主席在陕北公学开学典礼上的讲演过了十二天后，在延安党的活动分子会议上进一步作了系统的报告，就是《上海太原失陷以后抗日战争的形势和任务》一文。

我们听了毛主席的报告后，重新研究了我们的教育计划。原来我们准备办五个系，即社会学系、师范系、国防工程系、日本研究系和医学系。现在抗日形势的发展，迫切需要培养大批抗日干部到各个战场去，发动千百万人民群众参加抗日。于是我们决定把陕北公学改为培养干部的短期训练班性质的学校，以进行政治教育为主，学习时间也由六个月缩短为两个月，并且立刻要在两个星期内送一批学员到山西前线去参加抗日工作。

开学典礼后一个月，一九三七年十二月，陕北公学这个革命熔炉就培养出了第一批毕业生，即第一队和第二队，约二百人。这些革命的火种撒到华北各个战场上去，发动群众、组织群众，点燃起全面的全民族抗战的烈火。

一九三八年三月，中央为了加强领导，调李维汉（罗迈）同志到陕北公学来担任副校长兼党组书记。他早年参加毛主席组织的新民学会，后留法勤工俭学，和周恩来、邓小平同志等一起组织中国共产主义青年团旅欧支部，大革命时期担任过中共湘区委员会（后改称中共湖南省委员会）书记，后来担任过中央组织部部长。

此外，还调来金维映同志为生活指导委员会的副主任，她原是上海工人，在江西时是瑞金县模范县委书记。

三、革命的政治教育

党中央提出的抗日救国十大纲领中规定的教育政策是"改变教育的旧制度旧课程，实行以抗日救国为目标的新制度新课程"。陕北公学的任务是培养抗日救国的革命干部，但与抗大有所区别，有所分工。抗大主要培训军事干部，教学计划的安排原则是七分军事、三分政治；陕公主要培训政治干部，教学计划的安排原则是七分政治、三分军事。因此陕北公学是以革命的政治教育为主。

★ 《中国共产党抗日救国十大纲领》

　　为了适应抗日战争和中国革命发展的需要，陕北公学的教育计划是要在短短三四个月内，把青年培养成为有一定政治觉悟和初步军事知识，有独立进行群众工作和政治工作能力的抗战建国干部，因此，教育内容主要有四个方面：一是抗战的基本理论；二是抗战的政策和方法；三是指挥民众进行武装斗争的基本知识；四是对目前时局的认识。

　　陕北公学有两种学制：一种是普通班（即学员队），一般学习四个月；一种是高级研究班（即高级队），学习一年，主要是培养师资。普通班与高级研究班的要求有所不同。

　　普通班开四门课。第一门课是"社会科学概论"，或叫"政治常识"，由李凡夫同志主讲，包括"社会发展史""政治经济学"等课程，讲授马列主义关于社会发展规律的基本知识。在分校，孙力余等同志一面负责区队长工作，一面讲授"社会发展史"。许多学员是第一次听到资本主义剥削的秘密，认识到资本主义必然灭亡和社会主义必然胜利的科学道理，认识到中国革命青年的使命不仅要求得民族解放，而且要求得社会解放，要在全世界消灭一切剥削制度。

第二门课是"抗日民族统一战线"，由何干之同志主讲，邵式平同志也讲过，主要讲抗日民族统一战线的提出、产生的历史背景和在实践中的重要作用。从一九三五年《八一宣言》讲到西安事变的和平解决，结合党的六届六中全会讲统一战线中的独立自主原则，分析统一战线中各个阶级的政治态度和党对各阶级、各阶层的政策。这些内容在当时既是历史，又是现实政策问题。

第三门课是"游击战争"，由陕公政治部主任周纯全同志、副主任张然和同志主讲，他们都是身经百战的红军干部。周纯全同志土地革命战争时期长期领导过游击战争，又在毛主席主持的老干部学习班中研究过党的历史经验，讲得生动具体，很受学员欢迎。

第四门课是"民众运动"，这是一门抗日民主理论与实践相结合的重要课程，由教务长邵式平同志主讲。内容是如何动员、组织、训练、领导广大劳动群众（主要是农民）参加抗日游击战争，建立敌后根据地的人民政权；对各阶层的政策，如经济上的合理负担（减租、减息、交租、交息），政治上的自由平等，妇女解放，人民管理国家大事；等等。另外罗瑞卿同志在一九三八年编过一本《抗日军队中的政治工作》，我们作为教材发给学员，学习部队政治工作的经验。

高级研究班的课程比普通班要深一些，课程也多一些，主要有"中国革命运动史"（即"中国问题"）、"马列主义"、"辩证唯物主义"和"政治经济学"等课程。后来又逐步增设了"世界革命运动史"、"科学社会主义"、"三民主义研究"、"世界政治"和"战区政治工作"等课程。

　　"中国革命运动史"这门课由何干之同志主讲，后来何定华同志也讲过。从鸦片战争、太平天国、戊戌政变、八国联军、辛亥革命、五四运动、北伐战争、土地革命一直讲到抗日战争。这门课当时大家听起来是很新鲜的。很多学员说是第一次听到用马克思列宁主义观点分析中国社会和中国近代历史，从而对中国革命有了正确的了解。

　　"马列主义"这门课由李凡夫、李培之同志讲，后来由何干之同志主讲。主要讲《共产党宣言》《马克思主义的三个来源和三个组成部分》《社会主义从空想到科学的发展》等著作，要求学员直接读原著。当时解放社出版的《共产党宣言》的译本是由我和徐冰同志翻译的，我翻译上半部，徐冰翻译下半部，书出版后，两人各得了五元钱稿费。当时学员读的就是这本《共产党宣言》。

　　"辩证唯物主义"这门课，先后由艾思奇、陈唯实同志主讲。

　　"政治经济学"这门课，李凡夫、徐冰同志都讲过。高级研究班还讲过《资本论》第一卷解说。此外，艾思奇、何干之、李凡夫等十来位同志集体编写了一本《社会科学概论》，印发给学员阅读。

　　高级研究班还开了一门"中国问题"讲座课，主要选讲中国革命中的一些理论问题和实际问题，如农民土地问题、边区经济问题、工农政权问题等，由教员分工讲专题。

　　上述这些课程，都是旧学校所没有的，是全新的课程，也是全新的内容，没有现成的教材，完全由教员总结自己在过去革命时期的工作经验和理论研究成果，根据党的文件和政策，结合抗日战争中的新鲜经验进行备课和组织教材。这些课最主要的特点就是理论知识和实践经验密切结合，使学员们不仅提高了理论水平、政策水平，树立起革命的人生观，而且学会了做抗日工作的本领。

　　此外，不论是在普通班还是高级研究班，我们还有计划地上党课，编写了一本《共产主义与共产党》的油印教材，对学员进行党的基本知识教育。通过几个月的学习，学员对共产党有了进一步的了解，许多人提出入党申请。陕北公学创办后近两年中，招收学生六千多人，其中有三千多名优秀青年参加了中国共产党。

陕北公学的政治教育特别值得介绍的是我们经常请到党中央领导同志来讲课，这是陕北公学在延安时得天独厚的优越条件。毛主席特别关心陕公的教学工作，他规定政治局委员都要来讲课，他自己第一个带头来讲，主要是讲时事和形势。每逢国内外形势发生重大变化或发生重大政治事件时，毛主席和中央领导同志就到陕北公学来作报告，帮助学员及时把握阶级斗争和民族斗争的脉搏。毛主席讲过"中国宪政运动"和"青年运动的方向"；周恩来同志讲过"大后方的抗日形势"和"平江惨案情况"；朱德同志讲过"敌后战场的开辟和发展"和"根据地经济"；董必武同志讲过"正统观和六法全书的批判"；张闻天同志讲过"新民主主义文化"等。此外任弼时、李富春、王若飞等同志也到陕北公学来作过讲演。

有一个时期，毛主席经常到陕北公学来，陕公的教员和干部见到毛主席就说："教员，给我们讲讲形势吧！"（毛主席说他是教员出身，所以同志们亲切地称呼他"教员"。）他也很高兴地答应作报告。毛主席分析国际国内形势深刻透彻，比喻生动，妙趣横生，又能结合学员的思想认识回答问题，非常受欢迎。毛主席讲演后，常常被学员团团围住，要求签名留念。毛主席每次讲完，我总要请他到我的房间里坐一会儿，休息一下，和何干之、李凡夫等同志在一起谈谈天。毛主席当年在陕北公学的讲演都有记录，可惜后来行军转移丢失了。

毛主席特别重视马克思主义哲学的研究和宣传。红军长征到陕北后，毛主席就认真研究历史上党内斗争的经验教训，从思想路线上进行总结。他带头学哲学、讲哲学，亲自主持了一个小读书班，叫作"哲学研究会"，阅读李达同志写的《社会学大纲》，要何思敬、何干之、张闻天等同志参加，此外还有陈伯达。这本《社会学大纲》，毛主席先后读过五遍。学哲学是为了正确总结历史经验，指导伟大的革命斗争。毛主席把自己研究的成果，给抗大、陕公的干部、学员系统讲过好多次。

毛主席第一次来讲哲学课时，一开头就说："今天跟你们讲一个翻天覆地的大问题。"把唯物论和唯心论的哲学问题，说成是"翻天覆地"

★ 陕北公学第二期
开学典礼

★ 毛泽东在陕北公学
第二期开学典礼上作报告

24

的大问题，学员们真是闻所未闻。毛主席先讲唯物论和唯心论，后讲反映论和辩证法。这个讲稿后来整理出来，就是我们所熟知的《实践论》和《矛盾论》两篇文章。毛主席密切结合中国革命的实际，深入浅出地讲授马克思主义哲学的基本原理，为马克思主义理论教学树立了一个好榜样。学员们听了耳目一新，参加过实际斗争的干部，思想震动更大，多年来心中的疑团豁然冰释，对党内斗争的种种问题，找到了思想根源，也找到了哲学的答案。这为后来的整风运动打下了思想基础。

我们的政治教育从教学内容到教学方法都和旧学校根本不同，我们在教学实践中逐步形成了一整套革命的教育制度和教学方法，这在中国教育史上是一个创举。陕北公学的教学工作有三条原则，一是理论和实际相联系，二是教学内容少而精，三是教与学一致。

★ 周恩来在陕北公学演讲

★ 白求恩为陕北公学学员作报告

陕北公学的教育计划既有稳定性，又有灵活性，不是一成不变的，随着抗战形势的发展而有所变动。当形势发生变化时，就订出临时学习计划，例如全面抗战、保卫武汉、论持久战、党的六届六中全会等等重大问题，都专门订出教学计划，并在全校组织讨论，同时也要求理论教学增加实际的内容，使理论教育和革命实际结合起来。当时陕北公学的教员和学员都十分热心地研究实际问题。

★ 陕北公学学员上形势课

因为教员少，各门课都采取上大课的方法，五六百人一个课堂，教员露天上课，学员们席地而坐，认真记笔记，鸦雀无声，露天课堂秩序非常好。听课中有疑问，就写个条子递给教员，教员都很认真地研究和解答这些问题，或是交给学员们集体讨论，互相解答。

陕北公学很重视集体讨论，这是教学民主的一种好形式。革命的理论和政策首先通过教员讲授，但要使学生深入理解，并且能指导他们未来的工作，就必须经过学员自己的思考和集体讨论研究，在学校里就锻炼分析问题和解决问题的能力。因此上课时间不是很多，每天约三小时，最多五小时，其余时间是自学和集体讨论。我们要求学员直接阅读

★ 陕北公学学员一面听讲，一面作笔记，露天就是课堂

★ 陕北公学学员在讨论会上

马列主义著作，当时每个窑洞（一个班）发十二本延安解放社出版的《列宁选集》，还有几部《马克思恩格斯选集》和《斯大林选集》，在教员指导下选读若干篇和若干章节。集体研究多采取小组讨论会形式，有时也组织全队讨论会（约一百人），或是全校性的国际国内政治时事座谈会。如武汉保卫战和抗日持久战等问题，事关抗战全局，都组织了全校规模的大讨论会。

除去学习理论外，还组织学员参加抗日救亡的实际工作。每星期三规定为救亡日，有计划地进行各种救亡活动，走出学校到地方政府和民众组织中去做政权工作、统一战线工作和群众工作。把理论学习和实际工作结合起来，把学校和社会结合起来，个人和集体结合起来。打破了旧学校脱离实际、脱离社会的老传统，贯彻了理论和实际相联系的革命教育方法。

第一章 陕北公学

四、民众运动和政府工作教育

陕北公学教育计划中有一门重要的课程就是"民众运动和政府工作"的教育。这是教育学员执行全面的全民族抗战路线，贯彻抗日民主理论与实践相结合的重要课程。这也是旧学校所没有的一门内容全新的课程。这门课由富有领导群众运动和政权工作经验的邵式平同志主讲。

这门课主要有两方面内容：一方面是讲民众运动的理论和经验，教育学员了解民众运动在中国革命中的意义和作用，如何动员、组织、训练、领导广大群众参加抗日战争，掌握党在民众运动中对各阶层的政策等；另一方面是讲如何建立敌后抗日根据地政权的理论和政策，教育学员了解根据地实行民主制度和政权建设的重要性，以及如何领导和帮助根据地群众建立抗日民主政权等。

陕北公学学员经过短期学习，主要是分配到敌后战场去工作，不论是分配到什么岗位，当时最重要的工作就是动员千百万群众起来参加抗战。抗日战争没有民众的广泛参加是不可能胜利的。抗战初期，国民党战场的失利，其根本原因就是实行单纯的政府片面抗战，没有发动群众，许多地方，群众是听到炮声才知道日本侵略这回事。我党一贯重视民众的发动工作，抗战时期尤为重视。

首先，民众运动课程部分，介绍组织群众以及建立各种群众团体的情况。七七事变后，陕甘宁边区建立了各种群众组织，普及的群众组织有工会、农民会、商人救国会、妇女联合会、青年救国会、儿童团、自卫军、少先队等。此外还有些范围较窄的专门组织，如文艺、体育、识字等团体。到一九三八年一月，陕甘宁边区民众团体成立了统一的组织——陕甘宁边区各界抗敌后援会，包括二十多个团体，80%以上的边区人民参加了这个组织。这些民众组织，除去工会、农民会分别只限于工人、农民参加外，其他群众组织不分社会阶级、出身，不分党派、民族，只要不是汉奸，都可以参加。这些群众组织是群众自我教育的学校，也是进行抗日工作的团体。这种组织在国统区是不允许合法存在的，或是受种种限制，而在边区则是公开合法的，享有充分的抗日民主自由。共产党还广泛地帮助各界群众建立自己的组织，鼓励他们起来使用民主自由权利，进行抗日救国活动。抗日自卫军（过去叫赤卫军）是成年群众的军事组织，少年先锋队是青年群众的半军事组织。他们是抗日游击队的前身和八路军的后备军。

其次，民众运动课程部分还教育学员如何动员群众。一种方法是动员群众参加各种抗战社会运动。如抗战初期组织反侵略运动周，庆祝台儿庄胜利宣传周，七七抗战建国宣传周，"八一三"献金运动周，还有各种献金运动，慰劳前线运动，募集寒衣运动，等等。每次运动有一个中心，广泛宣传，使之家喻户晓，激发广大群众的爱国热忱，自觉地投身于各种抗日活动。这些活动通过各群众组织进行，这是一种动员群众抗日的方法，也是教育群众的好形式。

另一种动员群众的方法是提出适当的口号，并采取实现口号的正确方法。如当时提出"有钱出钱，有力出力"，就是动员群众参加抗战的最好口号。我们陕北公学学员也积极响应这个口号，为陕公募集建校资金，为八路军献金献物等。实现这个口号还要有正确的具体方法，主要是舆论宣传、说服解释和竞赛鼓励等，反对强迫命令和摊派。同时注意把动员参战和改善人民生活正确结合起来，如限制剥削、协调阶级矛盾、铲除贪官污吏等，合理保护各阶层群众的利益，才能真正做到有钱出钱、有力出力。

此外动员群众时，共产党员必须发挥先锋模范作用，宣传政策口号的正确性，等等。

政府工作的教育也是十分重要的课程部分。我们不仅介绍土地革命战争时期苏维埃政权建设的经验，更重要的是讲苏区转变为国民政府的特区，从工农兵代表会议制度（苏维埃）转到普选的民主共和制度，即新民主制度的必要性和主要特点。学习抗日战争时期建立敌后抗日根据地和抗日民主政权的经验。

陕北公学创建初期，正值陕甘宁边区各级政府进行民主改选，开展了轰轰烈烈的民主选举运动。

陕甘宁边区各级政府的民主选举从一九三七年五月开始，自下而上地进行。乡政府选举，八月底完成；区政府选举，九月底完成；县级选举，十月底完成；一九三八年初，进行边区政府的民主选举。

边区的选举运动根据彻底民主原则，采取真正民主的方式进行。实行了普遍选举权（即不分阶级、党派、种族、性别、宗教信仰）、平等选举权（即不分职业、文化程度、财产、资格及民族差异）和直接选举权（人民代表和各级政府行政首长都经过全体选民直接不记名投票选出）。这次民主选举在陕甘宁各省是历史上的第一次，在全中国也是历史上的第一次。陕甘宁边区真正成为民主的抗日根据地，真正把抗日战争和民主制度结合起来，这就是政权建设中抗日与民主一致的原则，民主制度促进了抗战，抗战又推动了民主制度的实施。边区正是由于实行了彻底的民主制度，才成为全国抗日的坚强阵地，成为全中国民主政治的模范。

我们把理论教育与实际工作紧密结合起来，一方面组织学员学习邵式平同志讲的民众运动课和中央有关民众运动、政府工作的文章和材料，或请关中分区专员、县长等来分校作抗日政权工作的报告。另一方面组织学员参加边区的民众运动、选举运动和政权建设工作，学习在实际工作中如何做动员组织群众的工作，如何在选举工作、政府工作中贯彻党的抗日民族统一战线政策。有时还派出陕公师生去做国民党的统战工作。当时陕公分校和国统区只隔一条山沟，双方经常有接触。于是分校派出第二区队的区队长朱改同志等数人到枸邑县土桥镇去和国民党当局办交涉，订立了互不打扰、互通物资、团结抗日的协定。朱改同志回校后，向全校学员干部作报告，具体地介绍了这次统一战线工作的过程和效果。这些实际工作，既配合了地方工作，也是我们教学活动的一个组成部分，我们称之为"民众运动演习"和"统一战线演习"。

通过这一课程的学习，陕北公学学员从理论上和实践上学到了什么是真正的民主政治，懂得了为什么没有民主政治就不可能有抗战胜利的真理，学会了领导民众运动、开辟根据地的本领，从而深刻地认识到国民党和共产党的根本区别，国共两党两条抗战路线的根本区别。更重要的是培养了学员的群众观点和民主精神，树立起为人民服务的革命人生观。

五、军事教育

陕北公学培养的学生是为抗日战争服务的，大部分是分配到敌后战场上去工作，必须适应游击战争的环境。因此陕北公学以政治教育为主，同时也很重视军事教育，设置了军事课"游击战争"和军事训练。

"游击战争"由政治部主任周纯全同志讲，副主任张然和同志也讲过。周纯全同志是老红军干部，在红四方面军领导游击战争时很能打仗，有丰富的作战经验，文化水平虽然不高，但讲课作报告，结合亲身战斗经历，讲得有声有色，很有鼓动性，每次讲三四个小时，全场活跃，使听众如身临其境，效果很好。

"游击战争"这门课内容十分丰富，从历史经验到现实斗争都有生动的介绍，如土地革命战争时期五次反"围剿"的经验，"敌进我退，敌驻我扰，敌疲我打，敌退我追"十六字游击战术的形成和运用，二万五千里长征的战斗经历，分析抗日战争初期的几次重大战例，等等。通过这些具体经验阐明游击战和运动战相互配合、互相转换的实践经验，宣传毛主席关于游击战争战略地位的光辉思想。上海、太原失守后，中央及时提出转入以游击战为主的新时期，开辟敌后战场。我们就着重讲授和学习敌后战场开展游击战争的经验。当时朱德、刘少奇、彭雪枫、王若飞等同志都专门撰文总结抗战以来坚持敌后游击战争的经验，我们的军事课都把这些内容及时组织到教学中去。游击战从小到大发展的规律讲得很是形象化：从针尖刺、剪刀剪走向大刀杀、阔斧砍；从敌人后方走向游击区、走向抗日根据地，作为进攻的出发地；变敌人后方为前线；等等。此外还指出在游击战争中必须注意反对"流寇主义"和"保守主义"。学员们在很短时间内掌握了进行游击战争的知识，到敌后去很快成为开辟工作的能手。

此外，军事教员还根据他们的亲身经验讲一些行军作战的具体的军事知识。如讲长途行军，告诉学员们要吃饱饭、喝足水，在干旱地方急行军要带一块浸透水的毛巾放在缸子里，必要时吸吮湿毛巾，以免干渴走不动路；长途行军要甩开双臂，有节奏地大步稳步前进，可减轻疲劳；教导学员如何辨别枪弹打来的方向，如何躲避子弹，利用地形地物隐蔽；等等。这些知识对后来过封锁线、长途行军起了很大作用。

陕北公学学员采用军事编制，平均八至十人为一班，三至四个班为一个分队（相当于排），三至四个分队为一个学员队（相当于连），三至四个学员队为一个区队。区队配备有军事副区队长，分队有军事干部协助进行军事课教学活动。这种编制适用于游击战争的军事活动。军事训练学习班、排、连教练，使每一个学员可以指挥一个连的战斗。训练内容有站岗放哨、射击投弹、夜行军、夜袭击、跋山涉水、观察地形、辨

★ 陕北公学学员行军
途中（一）

★ 陕北公学学员行军
途中（二）

33

别方向，以及各种战斗演习，如遭遇战、埋伏战、夜摸营等。这些军事训练和演习，大大提高了学员游击战的实战本领。

平时，陕北公学学员生活要求军事化、战斗化。在延安总校时，每天早晨五点钟吹号起床，两分钟就从清凉山窑洞跑下来到河滩操场集合。我那时也是一样，每天跑下山，常常比学员到得早，和大家一起跑步半小时。早饭后开始一天紧张的学习生活，晚饭后，自由活动一小时后上晚自习（或讨论），晚点名后吹号就寝。

陕北公学总校和分校都组织过多次军事演习。有几次是当时总参谋长张云逸同志帮我们制定军事演习计划。记得一九三八年五月间，延安总校组织了一次夜行军演习，练习走路的本领，这是游击战争最重要的一课。这次夜行军演习，由周纯全同志具体领导，半夜突然紧急集合，命令下达后，十分钟内每人都要打好背包，窑洞里只剩下空空的木桌和门板了。学员们跑下清凉山南坡，一队队黑影迅速集合，周纯全同志和军事教员下令各队点名，整队出发，向着去延长的大路行军，上千人的队伍只听得沙沙的脚步声。通过飞机场，放着大道不走，偏引导大家走乱草丛生、崎岖不平的荒野地，行军过程中要求大家辨明方向，警惕"敌人"伏击。直走了一夜，天明时才回校。周纯全同志在队前作演习总结。他说：这次夜行军是"游击战争"一课的实习，锻炼走路的本领，用实际经验来武装我们，加强我们的战斗性和战斗的实力，锻炼我们去尝试困难和克服困难的能力，准备将来在战斗岗位上切实担负起我们伟大的任务——歼灭敌人，建立自由幸福的新中国。他的讲话，非常有鼓动性，驱散了学员们一夜的疲劳，使他们的精神又振奋起来。有时还进行作战演习，分成"正规军"和"游击队"，互相配合与假想敌人作战。行军训练则是经常进行的。

到分校后，一九三八年八一建军节，全校又组织过一次军事演习，这次演习，规模很大，也比较全面。各区队全体动员起来，在各驻地

★ 陕北公学负责人（后排从左至右：宋侃夫、江隆基、成仿吾、周纯全）

★ 陕北公学学员进行军事训练

★ 陕北公学学员训练匍匐前进

作实战准备，组织警戒网，校部干部也轮流持枪站岗放哨，组织夜行军和模拟夜袭击等军事活动。这次军事演习为后来的战备工作打下了基础。

陕北公学的学习环境并不是平静的。一九三八年十月以后，陕甘宁边区不时受到日本帝国主义和国民党顽固派的骚扰和进犯。十一月间，日本飞机两次轰炸延安。一九三九年春节时，国民党顽固派进攻枸邑县职田镇陕甘宁边区留守部队，八路军被迫还击。陕北公学分校所在地看花宫离职田镇不过数里，枪声隐约可闻。为了随时准备作战，陕北公学分校全体动员起来，并配合当地军民做准备工作。白天坚持学习，晚上派出流动哨，彻夜武装巡逻，站岗放哨，男生女生都一样值勤。开始时女生很胆小，她们在国统区连夜路都不敢走，现在居然夜间持枪站岗，都能勇敢地执行任务，慢慢地胆子也大起来。这一段军事战备生活，对学员是很好的锻炼，为日后参加抗战工作打下了良好的基础。实践证明我们陕北公学的学员毕业后分配到各个战场，既能文，又能武，被群众誉为"文八路"。

六、劳动教育

生产劳动课也是我们教育计划的一个重要部分。陕公培养的学生为抗战服务，将来到敌后去工作，主要是农村环境、战争环境，不仅要能文能武，还要会劳动，和劳动人民（主要是农民）打成一片。而我们的学员，绝大多数来自国统区大城市，缺乏劳动的锻炼，更缺乏劳动人民的气质。因此劳动教育是必不可少的。我们有计划地组织学员参加建校劳动和农业生产劳动，通过劳动学习生产知识，培养对劳动人民的思想感情，改掉了学生腔。后来许多陕公学生在群众中工作，竟然分不出谁是陕公学生，谁是边区农民了。

陕北公学创办之初，校址先是在延安东门外飞机场旁，只有一些平房。后来学生多了，抗日军政大学搬到蟠龙去，让出一些窑洞给我们，但还是不够住，我们就自己动手挖。新学员一入学，每人发一把镢头，在清凉山上挖窑洞，七八个人一组，一个星期挖一孔，挖完了，这一组就搬进去住。学员们住上自己挖的窑洞，心里特别高兴。自此挖窑洞就成为新学员入陕北公学的第一课。

后来，我们迁到延安北门外，又自己动手盖了一个大礼堂，可容八百人，下雨天就有大教室上课了。后来边区政府在延安南门外又盖了一个礼堂，比我们盖的礼堂还大些，解放战争时期，被胡宗南烧掉了。

★ 陕北公学学员参加生产劳动

第一章 陕北公学

我们陕北公学盖的大礼堂，至今仍矗立在延安北门外，这是陕公劳动教育的成果。

★ 陕北公学大礼堂

一九三八年秋，国民党顽固派开始消极抗战，积极反共，对陕甘宁边区进行经济封锁。为了克服经济上的困难，一九三九年初，边区二十三个县开展了生产运动，主要是开垦荒地。各个机关学校都分配了开荒任务，全边区计划当年开荒八十万亩。当时陕公总校和关中分校合并，由于迁校，开荒工作动手较迟，仍承担了二千一百亩的开荒生产任务。

一九三九年春，我从延安到关中后，就指挥全校师生到陕西、甘肃边界的何家山去开荒。这里本来不是荒地，由于过去东北军在此地打仗，老百姓都跑掉了，就成为无人管理的"荒山""荒地"了，看起来寂无人烟、满目荒凉，其实土地是很肥沃的。我们到后，提出打开田埂，废除私有制的旧地界，建设"陕公新村"。全校师生干劲十足，满山遍野红旗飘扬，热烈展开劳动竞赛。学员们的镢头惊醒了沉睡的土地、荒寂的山林。革命的歌声，此起彼伏，遥相呼应。最流行的歌曲是《在太行山上》和《生产大合唱》。我们那些久经风霜的红军干部，以及各级领导都带头参加劳动，和学员们一起苦干，一起流汗。青年们更是精神百倍，组织了青年突击队，发起劳动竞赛。他们开到哪里，哪里的山坡就很快变了样，杂树荒草丛生之地，半天就翻成沃土，披上金色的新装。

白天劳动，晚上围坐在一起谈收获体会，大家想起学过的社会发展史，都说，真正是劳动创造世界、劳动改造世界啊。各队还出了多期墙报，大家写了不少诗歌、感想和通讯报道。

我们先后劳动了二十多天，完成了全部生产任务，开荒二千一百亩，种粮一千多亩，种菜四百多亩，播完种后我们就返回学校了。留下少数人管理粮菜田，过一段时间，又派人上山锄禾，争取丰收，做到蔬菜自给，粮食部分自给。《新中华报》一九三九年六月二日还专门报道了陕北公学胜利完成开荒任务的消息。

这一年延安纪念五四运动二十周年，毛主席在大会上作演讲，对各校各界青年参加生产运动给以很高的评价。毛主席说，大批的革命青年都来延安求学，"延安的青年们干了些什么呢？他们在学习革命的理论，研究抗日救国的道理和方法。他们在实行生产运动，开发了千亩万亩的荒地……现在全国广大地方的学校，革命理论不多，生产运动也不讲。只有我们延安和各敌后抗日根据地的青年们根本不同，他们真是抗日救国的先锋，因为他们的政治方向是正确的，工作方法也是正确的。所以我说，延安的青年运动是全国青年运动的模范"（《青年运动的方向》）。陕北公学的青年就是这样做的，坚定地走与工农群众相结合、与生产劳动相结合的教育革命的道路。

七、陕北公学分校

　　陕北公学自一九三七年八月创办，到一九三九年夏并入华北联合大学，先后一年零十个月，在这短短的时间里，为抗日战争培养了六千多名干部，这在我国教育史上是很罕见的，我们正是如毛主席所说，用跑步的速度开展抗战教育。

　　陕北公学先后办了五十四个队，平均每队一百二十人左右。一九三七年八月至一九三八年五月，在延安办了二十七个队，每五个队中成立一个女生队，培养妇女干部。

　　七七事变后最初几个月，由于国共合作，国民党在一定程度上开放党禁，实行一些民主，国统区青年到延安来比过去顺利些，几乎每天都有几十人甚至上百人涌到陕北公学来，几天就可以编起一个队。十一月正式开学时已经有了五个队，不到一个月，又成立了六个队（第六队至第十一队）。一九三八年一月以后，发展更迅速，两三个月内陆续成立了十六个队（第十二队至第二十七队）。陕北公学在延安先后接收和培训了两千多名学员。

　　我们初到延安时，城里人口很少，自从办了抗大、陕公后，延安一天一天热闹起来，到处是陕公、抗大和鲁艺的学生，宝塔山下，延水河边，朝气蓬勃的男女青年笑语歌声不断，人们称延安为"青年城"。

　　一九三八年，国民党顽固派开始闹反共摩擦，阻拦革命青年到延安来学习，手段极其卑劣，例如用扣行李、扣路费甚至逮捕的方法截留到陕公来的青年。因此这时从三原、云阳等地进入延安的困难增加了，同时青年大批进入延安，延安人口剧增，粮食供应紧张。可是前方还是不断向延安要干部。怎么办呢？陕北公学是收缩还是发展？中央毅然决定

★ 陕北公学分校校长兼党团书记李维汉（罗迈）

★ 陕北公学第十三队第七、八、九班学员

第一章　陕北公学

战火中的大学
从陕北公学到人民大学的回顾

★ 陕北公学的合作社

★ 陕北公学分校的领导检阅学员队伍

　　要进一步大发展，陕北公学到五百里外的关中分区去办分校，那里接近陇海铁路和西安，青年学生进入边区比较方便；同时关中是个米粮仓，比较富庶，可以解决粮食问题。

　　于是我们立刻执行中央的决定。陕北公学党组研究后作了分工，我留在延安主持总校工作，主要办好高级研究班，为发展抗日教育事业培养师资。由副校长罗迈同志兼陕公分校校长。

邵式平、周纯全同志也调到分校任原职。此外从新毕业的第二期各队中留一部分学员到分校去工作。如十七队的副队长柴树藩同志到分校做校务部主任，十六队的席柳溪同志到分校当合作社主任和总务科科长，十三队的温济泽同志留分校任教员，十四队（女生队）的赵志萱等同志任队长。从此，陕北公学的主力转移到分校。

一九三八年五月三十日，罗迈同志率领分校工作人员出发，我们到延河边去送他们，同志们情绪很高。欢送群众高呼着"开拓国防教育的新园地！""扩大陕北公学！"等口号，高唱着陕北公学的校歌，送他们踏上新的征途。

陕北公学分校校部设在栒邑县看花宫，这里是名胜区，有许多古迹，传说是杨贵妃看花的地方。分校以看花宫为中心，各区队分驻在附近平坊、门家、赵庄等好几个大村庄。分校到关中后，得到当地政府和群众的大力支持，居民为我们腾出房屋当宿舍，送来桌椅板凳等生活用品，使分校很快筹备就绪。在七月七日，抗日战争一周年纪念日，陕北公学分校正式开学。

这时由于分校靠近西安，交通方便，学生来得更多了。很快建立起四个区队（相当营），每个区队下设四五个学员队（相当连），每个学员队一百多人，从第二十八队开始，办到第五十四队，共有三千多人。第一区队区队长是何定华同志，副区队长是季凯同志。第二区队区队长是朱改同志。第三区队区队长是申力生同志（兼任）和赵志萱同志。第四区队区队长是孙力余同志，孙力余同志原是白区的中学教员、地下党员，一九三七年冬到延安，在抗大四大队学习，后调陕公分校任区队长。

分校学生猛增，教员太少，学生又分驻在几个村庄，我们不能再伸手向党中央要教员，就着手自己培养，主要采取两种方式：一种是成立高级研究班（也叫高级队），从普通班学员中通过考试录取一些文化理

★ 陕北公学分校纪念中国
共产党成立十七周年

★ 陕北公学分校校部旧址

论水平较高的学生参加。我们先后成立了五个高级队，学习的课程多些，内容深些，学习时间一年，为发展抗日教育事业培养师资。如廖盖隆、田家英、霍遇吾、徐伟立、胡华等同志都是高级队的学员。另一种方式是组织研究室，以老带新，边学边教，在工作中培养。陕公分校成立后，曾在全校工作人员中（除去少数领导人）进行过一次文化理论考试，选择成绩优秀的青年分配到各个研究室去。当时成立了三个研究室：中国问题研究室（何干之同志领导）、政治经济学研究室（李凡夫同志领导）和哲学研究室（陈唯实同志领导）。当时分别参加这几个研究室的有刘春、季凯、陈瑯环、尹达、温济泽、李唯一等同志。研究室除去教学工作外，还研究许多实际问题，政治经济学研究室的同志在驻地附近村镇对陕甘宁边区经济情况进行调查研究，如看花宫是个老革命根据地，搞过土地改革，农村经济很繁荣，两角边币就可以买一只老母鸡，物价低而稳定，农民生产积极性很高。教员调查后，结合到教材中去对比分析根据地和国统区两种制度，说明新民主主义制度的优越性。这样，在实际工作中培养教员，边研究边教学，青年教员提高很快。

一九三八年底，华北敌后各抗日根据地需要大批干部，中央为了更大规模地发展干部教育，以适应抗战的需要，决定从陕北公学总校和分校抽调大部分同志上前线，到敌后去办抗大分校，只留下四五百名高级队学员。一九三九年一月，由邵式平同志率一千多人到晋察冀边区去建立抗大二分校，陈伯钧同志任校长，邵式平任副校长；由周纯全同志率一千多人到晋东南去建立抗大一分校，校长是何长工同志，周纯全任副校长。两千多名陕公学员和工作人员，浩浩荡荡突破敌人层层封锁线，挺进敌后，陕公学员像种子一样广布在华北各敌后战场，生根、发芽、

★ 一九三八年李维汉与成仿吾、张琳等在看花宫合影

开花，为建立华北抗日根据地作出了重大的贡献。

这时，罗迈同志调回延安任中央干部教育部副部长。陕北公学总校和分校合并，校址设在关中枸邑看花宫，我到看花宫主持工作。邵式平、周纯全同志调走了，中央调江隆基同志来任教务长，张然和同志为政治部主任，柴树藩同志任校务部部长，鲍建章同志为校务部副部长，党委负责人是申力生同志。

抗战形势发展很快，一九三九年六月，党中央决定陕北公学和鲁迅艺术学院、安吴堡战时青年训练班、延安工人学校四校联合，在延安成立华北联合大学，全部开赴华北敌后抗日前线去办学。七月中旬又从延安出发开赴前方，延安只留下少数同志。关中陕北公学分校结束。

我们离开陕北一年后，一九四〇年九月，陕北公学在延安继续招生，校长是罗迈同志兼任，主要干部有孙力余和从前方回延安的申力生等同志。陕公决定改变学制，成立师范部与社会科学部。师范部培养抗战教育师资和教育行政干部，学习两年；社会科学部培养抗战民众运动工作干部，本科学习一年半，预科学习半年。另外为了开展西北少数民

★ 陕北公学周年纪念大会

★ 李维汉在陕北公学周年纪念大会上作报告

★ 陕北公学总校与分校合并，分校师生欢迎成校长来到看花官

族工作，陕北公学在七月间成立了少数民族工作队，招收少数民族学员，学习课程有政治课、艺术课和少数民族问题研究，学习一年。

后期陕北公学人数比过去少了，但仍然保持陕北公学的优良传统。一九四一年敌人封锁陕甘宁边区时，陕公学生参加大生产运动，从事农业、工业、畜牧业多种生产，以谋经济自给；边区开展民主宪政运动时，社会科学部学生下乡帮助村政权改选；少数民族工作队则进行边区少数民族的调查工作。

★ 陕北公学周年纪念章

★ 陕北公学布胸牌

第一章　陕北公学

八、陕北公学女生队

　　妇女是中国革命中一支重要的力量。中国革命战争的烈火培育出千千万万优秀的妇女干部，和男同志一样参加伟大的民族解放事业。陕北公学建校之初就十分重视招收女学员的工作，为在敌后开展妇女运动和各项文化教育事业培养妇女干部。

　　抗战初期，许多爱国女青年跋涉千里跑到延安来，她们挣脱旧社会的羁绊比男学员更艰难些。她们大多数出身于剥削阶级家庭，来自大城

★　陕北公学女生队（第十四队）先锋班的学员

48

市，许多人曾是柔弱的娇小姐，既没有吃过苦，也没有走过长路。但是她们有一颗爱国心，日本帝国主义的炸弹激怒了她们，使她们坚决地抛却家庭的温暖和父母的抚爱，冒着生命危险，冲破敌人的封锁，毅然奔向延安。她们初到延安时，穿着五颜六色的旗袍、运动衫和洋学生装，曾引起质朴的陕北农民好奇的围观。老战士们热情地握着她们的手说："同志，欢迎你们！"这一声"同志"，不知使多少姑娘流下了激动的眼泪。"小姐"变成了"同志"，姑娘们一面擦着眼泪，一面挺起胸膛，一扫眉宇间的稚气，顿时像一个革命者了。

女青年大量涌来，为了方便管理，我们单独成立了女生队，大约每五个队中就有一个女生队。在延安总校时，编了第五、第十四、第十八三个女生队，每队约一百二十人。另外，第六、第七两个队由男女混合编成。女生共有四百多人。一九三八年夏在关中办分校后，女青年来得更多了，几个月内先后成立了第三十一、第三十七、第三十八、第四十五、第五十二等五个女生队，约有六百人。陕北公学先后为中国革命培养了近一千名女干部，如今大多数成为各条战线上的骨干力量。

战争年代，干部的培养和成长速度是以月日计算的，半年、三个月就毕业一批。在陕北公学学习时间虽短，却令人难忘，这些女学员说这段生活是她们这一生发生"质变""飞跃"的转折点。

确是如此，她们初到陕北公学时，只知道要抗日，但对中国共产党和中国革命的道理了解得很少，通过短短几个月的学习，她们不仅懂得了中国革命的理论，而且还懂得了社会发展的规律，认识到中国妇女责任之重大，不仅要为民族解放奋斗，而且还要为社会解放奋斗，只有实现民族解放和社会解放，妇女才能获得真正的解放。马克思主义打开了姑娘们的眼界和胸怀，让她们从此踏上了漫长的革命道路。

劳动锻炼了她们的肌肤和意志。第五队是第一个女生队，她们和男学员一样参加了建校劳动。挖窑洞，平操场，修厕所，都不甘落后。镢把比她们手腕还要粗，她们需要拼尽全身的力气抢起沉重的镢头，胶质黄土格外难挖，但她们不退缩，不叫苦，一点一点地挖洞不止。劳动的第一课，炼硬了她们的臂膀和意志。

军事训练把女学员由娇柔的小姐训练成英武的女战士。女学员开始时不适应夜行军快速集合的要求，深夜紧急号吹响了，女生队乱成一团，这个穿错了鞋，那个摸不着袜子，还没出发，背包带又散了，笑料百出。一回生，二回熟，训练几次之后，几分钟内，女生队就报告"集合完毕"，得到军事教员的夸奖。夜间站岗女生队也同样参加，开始时，听见风吹草动，腿就发软，但是硬着头皮坚持。当我问到她们怕不怕时，她们挺胸立正说："报告校长，不怕。"

女生队是陕北公学最活跃的一支队伍，她们以革命乐观主义的豪情来美化陕公生活。哪里有女生队，哪里的歌声就不断。在延安总校时，每次集会各校都要赛歌，当时陕北公学学员的歌常常赛过抗大学员的歌，而陕北公学女生队的歌又为陕公之冠。每次集会时总是再三拉女生队唱歌，"十四队来一个！""十四队再来一个！"男学员说，女生队的歌怎么总拉不完，她们的歌真多！女生队很多人是陕北公学歌咏队的主力，她们用歌声来赞颂新生活。

★ 版画《陕公晨曲》

女生队学员和男学员一样穿的是一色灰军装，但她们却别出心裁地表现出对美的向往。她们在自己的衣襟里、帽子上以至各种文具、垫板上，画着或绣上大大小小的红五星，而且还都是光芒四射。人们问她们怎么到处是红星呀，她们英气勃勃地说："红五星是红军的帽徽，是革命的象征，标志着世界五大洲都将插遍红色的旗帜！"这就是三十年代姑娘们对美的追求。

陕北公学迅速扩大，需要大批女干部，我们就地取材，从延安总校女生队毕业学员中，抽调一部分女同志担任分校各女生队的队长、指导员，大部分是第十四队的毕业生，她们刚刚学习了半年，就挑起培养新学员的重任。她们昨天还在溪流中追逐嬉戏，戴着野花制作的花环，像小鸟一样欢唱雀跃，今天就成为陕北公学分校女生队可尊敬又贴心的队长和指导员。她们中有参加过长征的女红军胡德兰、宋琏、陶婉容；有参加过"一二·九"运动的赵志萱、吴景直、王龙宝、刘志兰；有从江南水乡穿过千里国统区来到延安的女学生、女教员倪淑英（苏州）、张琳（南京）、陈怡（广东）等；有在国民党监狱中经过严酷考验的李英岚。她们是一些深受群众爱戴的女队长。还有张煜、杨滨、汪劲之、牟翼然、陈璞、张淑华、张本鸿、佘崇一、王丹一、李瑾、侯闵等同志担任各女生队的指导员。她们密切联系群众，成为女学员的知心朋友。此外还抽调了张煜、马毅、缪文等同志到分校校部工作。

艰苦的环境，战争的考验，锻炼了我们一代女战士。历经艰险，几十年斗志不衰，她们堪称中国妇女的模范。陕北公学第五队学员谷羽，一九三九年日寇飞机轰炸延安时，她的下肢被压埋在瓦砾堆中，头部受震伤，当时缺医少药，条件很困难，她一不叫痛，二不流泪，顽强地接受治疗，伤愈后，更加勇敢地参加战斗，今天继续战斗在建设祖国的征途上。有许多陕北公学女生队学员，几十年来坚定不移地为捍卫马列主义、毛泽东思想进行不屈的斗争，有些在"文革"中含冤死去了。有幸活下来的，依然宝刀不老。陕公第五队学员于若木，有胆有识，"文革"中不顾个人安危，公开反对江青反革命集团祸国殃民的倒行逆施，受到迫害仍坚贞不屈，一九八〇年在中国科学院大会上被授予"模范干部"的光荣称号。

陕北公学女生队是陕公校史上值得记述的篇章。

九、校风——忠诚、团结、紧张、活泼

很多当年在陕北公学学习过的老同志，常说起陕北公学的生活是难忘的。为什么陕北公学会给大家留下这样深刻的印象呢？那时我们的物质生活非常艰苦，而精神生活却十分丰富。陕北公学在党中央领导下树立了革命的校风——忠诚、团结、紧张、活泼。忠诚就是忠于人民、忠于中华民族的爱国主义思想；团结就是团结互助、民主自由的统一战线作风；紧张就是纪律严明、行动迅速、雷厉风行；活泼就是朝气蓬勃、艰苦奋斗的革命乐观主义精神。忠于人民的爱国主义是团结一致的基础，民主自由的作风是真诚团结的条件。陕北公学坚持和发扬这些革命作风，是陕公抗战教育在短期内取得重大成就的原因之一。

陕北公学的团结民主的统一战线作风最为突出。陕公的学生来自全国各地，有汉族、回族、朝鲜族各族青年，还有南洋各地的归国华侨，有共产党员，有无党派人士，也有少数国民党员，除极少数坏人外，绝大多数是爱国的优秀青年，是为了抗日救国而诚心实意地投奔延安来的。例如当时榆林国民党驻军司令邓宝珊就把女儿送到陕北公学来学

习，我们说陕北公学生活艰苦，怕她吃不消，劝她回榆林，她说不怕吃苦，坚决不肯回去，就留下了。这些天南海北、四面八方来的青年，在陕北公学这个革命的大家庭里很快地团结起来，互相尊重，互相信任，互相爱护，亲密无间，生活紧张而愉快。

教员、干部和学员之间是平等的同志关系，互相关心，互相帮助。我们陕公是在红大、抗大的基础上建立起来的，许多干部是老红军，继承了工农红军的光荣传统和作风。我们的干部像爱护战士一样爱护我们的学员。学员对我们各级领导干部都非常亲切，有的尊敬如父母，有的友善如兄姐。我们按照红军的传统作风，经常在夜晚到学员的宿舍去查铺，替他们盖好蹬掉的被子，免得他们冻坏了。有时也去问问他们的生活是不是习惯，怕他们吃不饱饭。这些在我们红军中本来是习以为常的事，可是对刚从国统区来的青年却有很大的影响。他们在外边的学校里，和学校领导人很少有这样的关系，因此他们很感动。有一次一个学生写了个条子说："你是我们的妈妈。"这样"妈妈校长"的称呼就叫开了。另外，当时延安还传颂着一位"外婆校长"，那就是徐特立同志。过去他在长沙女子师范学校当校长时，对学生很慈祥、很亲切，学生尊敬地叫他"外婆校长"，后来有些长沙女子师范学校的学生到延安来学习，这个"外婆校长"就传开了。新来的青年学生往往就从干部的作风和一言一行来认识中国共产党和中国革命，我们教育工作者应当永远保持和发扬我们人民军队的好传统、好作风。

陕北公学的学员和教员的关系也是如此。上课时，学员一见到教员走上讲台，就热烈鼓掌表示欢迎。学员很尊敬教员，认为教员是青年的领导者和组织者，教员生了病，学员主动地轮流去看望和照顾。教员非常忠于自己的职责，从不请假缺课。由于是露天上课，下大雨无法上课时，就主动在晚上或星期日到学生窑洞里来补课。教员认为青年是中国命运的寄托者，是抗战的将士，是未来新中国的创造者。师生之间的关

53

第一章　陕北公学

系十分融洽，因为他们有共同的战斗目标。记得有一次送毕业生上前线，何干之同志代表教员讲话，他说："毕业上前线的同学，将用枪炮在前线与敌人肉搏血战，我在这里就用笔和口来与敌人斗争。前线后方，用一切武器和力量，要把日寇驱逐出中国去。"可见我们的教员和学员都把教学工作看作抗战建国神圣事业的一部分。所以陕北公学从来没有发生过像国统区学校那样的学生起哄赶教员的事情。

陕北公学的生活是民主的。教育计划是全校的奋斗目标，我们发动全校学生来讨论，开学第一天就把教育计划向学生公布，经过学生讨论，提出意见。如第一阶段四个星期学中国问题，学生就要讨论研究这一个单元应了解掌握哪些问题，教与学的时间各占多少。参考书和学习大纲都要事先发给学生，使学生心中有数。各班学生制定实施计划的进度表，而后根据这个计划检查教学效果。这样就调动了学生的主动性和积极性。

此外还有生活检讨会制度，每星期以班组为单位开一次会，主要是开展批评和自我批评，学员之间互相帮助，也可以给教员、干部提出批评意见，以便改进工作。那时师生、同学之间的关系是十分亲密友好的，都把听到别人的批评意见看作对自己的关心和爱护。当然，学生刚入学时，不习惯这种民主生活，有时听到尖锐的批评，会脸红耳热，但慢慢就习惯了。这种批评与自我批评的民主生活，促进了思想上的进步和政治上的团结。这种制度也是学习了红军的传统建立起来的。

陕北公学的物质生活是很艰苦的。没有教室，除了晚上睡在窑洞里，整天都在露天活动，冬天冰天雪地，气温零下二十摄氏度，也是在露天里上课、读书、吃饭和活动。每班十二个人只有一个木板搭的台子，每人有自己的背包，学习时就是坐凳。一个学期发一支铅笔，两大张油光纸，订成笔记本，正面写完用反面。吃的是土豆、萝卜、小米饭，有时一天只能吃两顿干饭、一顿稀饭。学员还常常参加各种勤务劳动。炊事员太辛苦了，大家轮流去帮厨；路不好走，自己去筑路；没有活动场所，自己修操场；等等。有的队所住村缺水，值日生要下到很深的沟里去打水，一小桶水，要供十二三个同志洗脸刷牙，每人只分得一杯水。新打的窑洞很潮湿，许多同学生了疮长了虱子，女同学更困难，头发上也长了虱子。同学们互相帮助，男同学帮助女同学打水洗头发，女同学帮助男同学做针线。谁病了，干部、医生把病号饭送到床头。革命情谊暖人心，因此，生活虽然艰苦，心情却是十分舒畅、十分愉快。

★ 陕公第十三队九班的学员在吃饭

一九三八年边区文化界救亡协会组织各界人士集体编写一本《五月的延安》报告文学集，陕公的干部、学生写文章报道陕北公学的生活，记得其中有一篇写得很生动，都是真情实事。有一个华侨刚从南洋到陕北公学来，水土不服，病倒了。同学们纷纷去看望他，他精神很好，乐观地说："陕北的小米饭，我不但没有吃过，而且在南洋从来没有看到过，可是我并不怕吃苦，今天为了争取中华民族的独立解放，到祖国来能呼吸自由的空气，为了神圣的民族事业，献身于祖国是不怕任何艰苦

★ 陕北公学的学员在做游戏

的，吃吃小米饭又算什么！"这一段豪言壮语，代表了华侨青年和广大陕北公学学员的爱国主义情操和崇高的革命理想。

革命的校风，培养出陕北公学一代革命青年，他们又把这些革命作风带到各条战线上去，代代相传。

十、陕北公学学生会

陕北公学的学生会是学校领导学习、生活、组织各种活动的很好的助手。学校有总会，每个队成立分会。学生会干部是民主选举出来的，实行民主集中制，用民主方法处理工作。学生会有代表参加学校的一切会议。当时总校学生会的负责人有雷迅、齐语和顾明同志等。

学生会像学校的主人一样十分关心学校的建设。建校初期，学校经费很困难，学生会就挺身而出，号召学生帮助学校克服困难。那是一九三七年十月间，陕北公学刚筹办不久，经费很少，陕公学生会就发出号召，提出三个具体口号：一个是有钱出钱，要求家庭经济充裕的同学每月自愿交纳膳费六元，多则十元、二十元，少则二元，都可以；第二个是有力出力，提出不要勤务员，杂务工作由学员轮流值班，同时要求参加开荒种菜、建校舍、上山打柴等各项工作，减轻学校负担；第三个是有知识出知识，帮助学校做些刻写、印刷等文字工作。学生会经过讨论，认为这些口号符合党的抗日救国十大纲领，因此一致通过。

陕北公学学生会还动员学生向外界争取募捐筹集基金。学生从各地来，有各种社会关系，学生会就动员学生写信到外地去，争取各界同胞在道义上和经济上支援陕北公学，也借此扩大陕公的影响。

一九三八年初，一些华侨学生写信到南洋各埠，并发出捐册，向侨胞募集资金。仅仅一个月就收到许多回电和回函，有几封电报写得很感人。有一位同志曾写了一篇文章编到《五月的延安》一书中，记录下这些侨胞伟大的爱国同情心。

一封是菲律宾打来的电报。菲律宾爱国华侨见到募捐信后，立即成立了菲律宾各界为陕公募捐筹备委员会，打来电报说："延安成仿吾先生，募捐已发动，目的万元，第一期六月底完成。发起者：中国之友社，拥护民主大同盟，华侨文化界救亡协会，民族武装自卫会，华侨各劳工团体联合会，华侨学生救亡协会……二十四团体共策进行……"

另一封是由漳州福建银行寄来的航空信，是爪哇吧城华侨互济会寄来的捐款。信上说："……在《激流》上，看到贵校募集基金启事，我们深表同情。祖国自抗战以来，第八路军暨陕北边区政府曾动员一切力量参加前线抗敌，建立许多轰烈的功绩，给与海外同胞以莫大的兴奋……我们是苦力和知识劳动者的一群，为表示对陕公的爱护，特鸠集国币二十元，由国内友人转寄为贵校基金……"这二十元带来了海外贫

陕北公学是属共中等教育的，
同时也有高等教育之而设。用
为造就新的合乎于抗争
倍的优秀儿女。这样就需
要有责任 我以为也是合国
人到抗争倍一柄意图心士们
同为如不投宣负任待云私对
武基础，让我学生们却去吃小米
饭，而且不制经常吃。

毛泽东
一九三八 三月十日

★ 一九三八年三月十日，毛泽东为《援助陕北公学》手册题词苦侨胞一片赤诚的爱国心。

再一封是汕头的来信，信上说："地域的阻隔，拉长了我们中间的距离，可是在精神上，我们大家都是一致的，这阻隔并没有减少我们意志的团结……在南方，我们没有加入火线，作猛勇的斗争，对于西北角的同伴们，表示着无限的敬爱……所以这里除了给你们作精神上的鼓励外，还要给你们以物质的援助……"

这样热情洋溢的信来自苏、浙、川、鄂，来自曼谷、新加坡，来自马尼拉和沙捞越，几乎平均每天可以收到一两封。陕北公学创办不久，就受到海内外各界爱国同胞的广泛支持和援助。这是党的统一战线政策的胜利。这样也扩大了陕北公学的影响，许多爱国青年纷纷要求到陕北公学来学习。有一个省曾来信说，"要求来陕北公学的至少有两万人"。

这些工作都是学生会自动做的，每期学生毕业时，学生会就送给每个同学一本募捐册作为毕业礼物，带到各地去一面募捐，一面宣传，为巩固和扩大陕北公学出一点力。

陕北公学学生会还动员学员募捐慰劳八路军。一九三八年底，陕北公学分校学生会接到边区政府和抗敌后援会的通知，表示要响应朱德总司令的号召，自动募捐慰劳八路军。学生会一动员，立刻得到广大同学的热烈响应。同学们把自己从家里带来的金银衣物纷纷捐献出来，几天内就募集了金戒指二十五枚、银戒指六枚、表三十五块，其中有的是青年们订婚的戒指；还有毛衣、毛背心二十七件，有的刚从身上脱下还带着身体的余温；另有手套、袜子三千多双。加上现金，总值五千元以上。这些活动，进一步激发了陕北公学同学对人民子弟兵的爱戴之情，发扬了军民一体的优良作风。

在陕北公学学生会领导下还成立了救亡室（即俱乐部），田家英同志曾做过救亡室的干事。各队学生分会都设立救亡室，里面建立各种研究组和委员会，救亡室里张贴各队办的壁报，其中有学生的作品和社会调查统计资料等。救亡室是各队一切活动的中心，壁报是它的喉舌。救亡室还负责组织学生开展各种文化娱乐活动。每天清晨和傍晚，革命歌声不断，革命歌曲的作用是很大的，我写了一个校歌，至今许多陕北公学老同志还会唱它。歌词是：

> 这儿是我们祖先发祥之地，
> 今天我们又在这儿团聚，
> 民族的命运全担在我们双肩。
> 抗日救亡要我们加倍努力，
> 忠诚、团结、紧张、活泼，
> 战斗地学习。
> 努力，努力，
> 争取国防教育的模范。
> 努力，努力，
> 锻炼成抗战的骨干。
> 我们忠实于民族解放事业，
> 我们献身于新社会的建设，
> 昂头看那边，
> 胜利就在前面！

每逢延安召开群众大会，或者列队行进，同学们都要唱这支歌和其他革命歌曲。我们很重视革命歌咏活动，吕骥、冼星海、郑律成（《八路军进行曲》的作曲者，陕公学生）等同志经常辅导大家唱歌。在群众大会上，陕北公学学生最活跃，最爱唱歌，各单位的啦啦队，一见陕公学生入场，就不断地齐声呼叫"陕公，来一个"，"陕公，再来一个"。当时陕公学员最爱唱的一首歌是《延安颂》，这是郑律成同志一九三八年谱写的歌曲（莫耶作词），表达了当时延安青年抗日的热情和决心。

歌曲的开头，以抒情的曲调歌颂着美丽雄伟的延安："夕阳辉耀着山头的塔影，月色映照着河边的流萤，春风吹遍了坦平的原野，群山结成了坚固的围屏。啊！延安，你这庄严雄伟的古城，到处传遍了抗战的歌声。啊！延安，你这庄严雄伟的古城，热血在你胸中奔腾！"

接着，以明快有力的节奏歌颂着战斗的延安："千万颗青年的心，

★ 陕北公学学员在合唱

★ 陕北公学学员参加群众集会

第一章　陕北公学

埋藏着对敌人的仇恨，在山野田间长长的行列，结成了坚固的阵线。看！群众已抬起了头；看！群众已扬起了手，无数的人和无数的心，发出了对敌人的怒吼。士兵瞄准了枪口，准备和敌人搏斗。啊！延安！你这庄严雄伟的城墙，筑成坚固的抗敌的阵线。你的名字将万古流芳，在历史上灿烂辉煌！"

这首歌，从陕北公学唱到华北联合大学。陕北公学学员每唱起这支歌，胸中总激荡起延安青年的自豪感。

革命的歌咏活动，使陕北公学学生生活朝气蓬勃，情志并茂，充满了革命的乐观主义。

十一、陕北公学流动剧团

陕北公学流动剧团是值得载入陕北公学校史的一颗明珠，她是陕北公学的骄傲，她成立后坚持了文艺为抗战服务、为工农兵服务的正确方向，在炽热的战斗岁月里，发出了耀目的光辉。

陕北公学在延安时，就组织了一个陕北公学剧团和陕北公学合唱团，是比较活跃的文艺队伍。当时，陕甘宁边区的戏剧运动初兴，一九三七年三月延安成立了人民抗日剧社总社，领导延安和陕北各地区的剧团，有中央剧团、平凡剧团、战号剧团、青年剧团等，演出许多抗日短剧，如《亡国恨》《放下你的鞭子》《死亡线上》。这些剧目起了教育人民、动员人民抗战的作用。一九三八年初，为了庆祝五一国际劳动节，陕公和抗大准备联合召开纪念会。陕北公学第十三队学生自编话剧《生死关头》，要求和第十四队女生联合演出。女生队一开始不敢和男生同台演戏，我鼓励女生队说："为革命登台，要勇敢自信，要勤学苦练。"这些从未演过戏的男女学员，勇敢地接受了任务。《生死关头》这出自编自导自演的抗日话剧，在五一节联欢会上胜利地演出了。陕北公学剧团就这样成立起来，接着又带着《生死关头》和其他节目参加了延安工人和各界群众召开五卅运动十三周年纪念活动，在延安民众戏院的广场上和其他剧团联合演出。当演到汉奸被游击队员枪毙时，群众热烈鼓掌，振臂高呼："打杀汉奸卖国贼！"台上台下抗日激情融为一体。当时在延安演出抗日戏剧时，经常会出现这样的场面，说明文艺为抗战服务的强大生命力和感染力。

五月以后，陕北公学在关中枸邑看花宫成立分校。国统区进来许多爱好文艺的青年，分校立即开始筹备成立陕公流动剧团，八月间正式成立。从各区队学员中选拔了三十多个文艺爱好者，集中在校部看花宫，大的二十五六岁，小的十四五岁，却没有一个专业文艺工作者，一切都要从头学起。剧团只有三孔窑洞，既无排练场，也没有布景、道具，只有一副锣鼓、几把二胡和其他一些简单的乐器。但是大家积极性很高，大树下、打麦场、庭院里，处处是排练场。经过三个月的准备和排练，排出了一些独幕话剧和活报剧，如《游击队长》《在敌人的牢狱中》《国际商店》《十月革命大活报》等。虽然力求反映工农兵的革命斗争生活，但是演员多是来自大城市的知识青年，身穿工农衣，却缺乏工农劳动者的气质，依然是一派洋学生腔。群众看了不满意，剧团的同志们也很苦恼，怎样才能演得像工农兵，有工农兵的语言和气质呢？

这时，我从总校到分校来主持工作，到看花宫后，就到各单位了解情况，当得知剧团同志们的苦恼后，就去和大家谈心。大家原以为校长一来，可以帮助解决道具、灯光、布景等装备，使剧团正规化。但我一到剧团就提出了一个他们意想不到的问题，我问："为什么陕公剧团要加上'流动'两个字？"大家迟迟疑疑地回答："要流动演出吧！"我

★ 陕北公学学员打腰鼓

★ 陕北公学学员跑旱船

★ 陕北公学学员扭秧歌

又问："向哪里流动呢？"大家说不上来了。我恳切地对大家说："要流动到工农群众中去，你们是为工农服务的革命文艺战士，不能脱离工农群众。资产阶级、小资产阶级的文艺，工农大众不欢迎。几次演出为什么群众不满意？就是因为你们是洋学生，不懂工农的生活和思想感情。所以剧团要下乡去演出，向农民学习，学习他们的语言，了解他们打土豪、分田地后生活的变化，以及怎样支援抗日战争，等等。现在流动到农村去宣传抗日，将来还要流动到抗日前线去，以后还要搞社会主义。我们无产阶级文艺工作者，就要树立这样远大的理想。"大家听了心头豁亮了，很表赞成。为工农演出，向工农学习，从此就成为陕公流动剧团的努力方向。

怎样流动到群众中去呢？我还提出了具体的意见。由于边区工厂少，剧团主要是到农村中去，我说，不要带炊事员，团员分到农民家去吃派饭，帮农民干农活，坐在炕头谈家常，学习农民的语言和思想，演出后听取农民的批评意见修改我们的节目。

剧团团长黄天同志立刻组织大家讨论剧团改革的方向和方法，重新拟定了下乡演出的剧目，连日赶排了街头剧《放下你的鞭子》，并学习用陕北话演出。临出发前，我们从陕公学员中抽调了两位当地干部到剧团来担任下乡演出的向导和顾问，帮助剧团同志们克服不熟悉农村生活的困难。并嘱咐同志们，下乡演出好坏不要紧，重要的是和农民群众打成一片。

这样，陕公流动剧团开始了第一次下乡演出，迈出了和工农结合的第一步。大家背着行李、乐器和布幕，步行三十里，到栒邑县所属各个村庄去演出。迈出这第一步并不是轻而易举的。大家都是第一次下乡，有的连关中农民的语言也听不懂，同志们也一时改不了学生腔，讲起话来文绉绉的，被农民称为"字儿话"。但是大家看到广大农村严重缺乏文化生活的状况，激励起为农民服务的热情。团员们一到村里，放

第一章　陕北公学

下背包就帮助老乡挑水、劈柴、扫院子、送粪肥；晚上在打麦场上点起汽灯，唱歌演戏。群众扶老携幼围拢来看演出。群众看到《放下你的鞭子》时，竟然忘记是在演戏，给剧中卖艺的女孩子丢起钱来。演出结束后，群众纷纷跑到演员宿舍来问寒问暖，夸奖这些后生"有学问"，"歌子唱得好"，"戏演得真"。他们把文化下乡和共产党的领导联系起来，说："只有共产党来了，才能有这世道，庄户人在家里也能看上戏！"群众质朴的称赞，给大家很大鼓舞。在流动演出过程中，剧团根据群众讲述的母送子、妻送郎参军抗日的生动素材，创作了小歌剧《送郎上前线》，用陕北民歌曲调演唱，很受农民欢迎。群众说："这是演咱村的事哩！"对用当地家乡土音演唱格外感兴趣。剧团在一处只住四五天，便流动到外村去演出，每次离村时，群众总是恋恋不舍地送出村口好远，拉着同志们的手说："欢迎你们再来！"流动演出三个月，同志们的心头打开了和农民感情交流的闸门。回到学校时，这些文艺战士从思想感情到语言气质都发生了明显的变化，他们开始扎根于人民的泥土了。剧团回校后，作了汇报演出，唱起了刚学来的陕北民歌，演出了自己创作的新歌剧《送郎上前线》。高亢的陕北民歌使全校学员耳目一新，很快就传唱开了。几十年来，许多陕北公学老同志，每听到陕北民歌，就好像听到乡音一样亲切。剧团同志们给陕北公学带回来人民的歌声和人民的斗争生活。剧团的变化引起学校的重视，我很高兴地对他们说："你们演得好，好就好在群众的乡土味儿多了，洋学生的味儿少了。"

为了锻炼这支文艺队伍，我们还有计划地组织剧团去参加实际斗争。一九三九年春，国民党顽固派积极进行反共宣传，大肆鼓噪"一个政府、一个主义、一个领袖"的法西斯主义，欺骗国统区的人民群众。我们决定派陕公流动剧团到当时国民党管辖的栒邑县城和职田镇去进行一次突击式的演出，宣传党的抗日民族统一战线政策，揭穿国民党顽固派的反动宣传。

这是一个战斗任务，我到剧团去作战前动员。分析了形势后，我问大家："派你们到枸邑县和职田镇去演出，和国民党顽固派面对面地斗一斗，敢不敢去？"大家异口同声地说："敢去。"接着具体地提出了斗争策略和方式，除了演抗日戏外，还要加上讲演、贴标语等宣传形式。同志们斗志昂扬，准备了三天，就大摇大摆地冲进了枸邑县城。当时还维持着国共合作局面，我们剧团是文化团体，突如其来，国民党顽固派一时摸不清来意，未加阻拦。同志们进城后，分为几路，一方面打起锣鼓，召集群众，演出抗日戏剧，节目中间加上简短的讲演，宣传党的抗日民族统一战线政策，宣传党的团结抗日的主张，宣传八路军、新四军的抗敌战绩。另一方面分头到大街上针锋相对地刷标语。在"一个政府、一个主义、一个领袖"的标语旁，我们写上"坚持抗日民族统一战线，团结起来，打败日寇！"，在"三民主义万岁！"标语旁，我们写上"抗日民主万岁！"和"人民团结万岁！"，机智而又鲜明地表达了我党团结抗日的坚定立场。剧团两天的演出，轰动了枸邑县城各阶层人民，就连国民党的军警，也情不自禁地挤在群众中伸长脖子看我们的演出。

两天的演出，是一次成功的政治突击，扩大了我党的影响，揭穿了国民党的反共欺骗宣传，争取了国统区的人民群众。

我们还注意提高剧团的艺术水平。剧团突击演出后，我们给剧团出了一个大题目，要剧团把高尔基的《母亲》改编为一个多幕话剧，当时田汉同志已写好了第一幕，由剧团继续写成一个完整的剧本，争取在五一国际劳动节演出，宣传无产阶级先锋战士为人类解放事业而奋斗的崇高理想，对陕北公学学员进行革命人生观的教育。

剧团同志勇敢地接受了这个艰巨的任务，在集体讨论的基础上，推举侯金镜同志执笔。仅两个多月时间，完成了五幕四景大型话剧《母亲》

的编剧任务和排练任务。全校学员都十分关心《母亲》的演出，华侨学员献出了西服，女学员送来花被面做连衣裙，大家动手自己制作服装布景。

一九三九年的五一节，《母亲》如期正式演出了。剧中的主人公青年工人鲍威尔由郭维同志扮演，母亲由胡海珠同志扮演。鲍威尔在法庭上愤怒控诉资本主义罪恶，赞颂人类光明未来的讲演，激起了陕公学员的革命豪情。连续几天，《母亲》成为广大学员谈话的主题。我很高兴地对剧团的同志们说："《母亲》演出的成功之处，就在于激发起广大陕公学员认真思考中国革命的未来，并决心为一个光明的新中国而奋斗。"《母亲》的演出，对全校"社会发展史"和"政治经济学"的学习，起了很好的配合作用。

后来《母亲》还到校外去演出，在几个村庄同时演，一场接着一场，有时一直演到天亮。我党在三原县安吴堡开办的战时青年训练班的负责人冯文彬、胡乔木同志特地邀请陕公剧团到安吴堡去联欢，演出《母亲》。连演了十来天戏，有《母亲》，也有其他短节目，受到青训班同志的热烈欢迎。

陕公流动剧团成立十个月，走上了一条文艺为工农服务、为抗战服务的革命道路。这些年轻的文艺战士，在斗争中提高了政治觉悟和艺术水平，许多同志后来成为新中国文艺战线上的领导骨干。也有不少同志在战斗中英勇牺牲了。如剧团团长黄天同志是一位很能干的领导干部，他领导着陕北公学剧团和华北联合大学文工团，东奔西走，在抗日战争和解放战争中发挥了重要的作用。可惜在冀东根据地战斗中壮烈牺牲，为无产阶级的革命文艺献出了宝贵的生命。

一九三九年六月，陕北公学和鲁迅艺术学院等学校合并为华北联合大学，陕公流动剧团和鲁艺一部分学员合并改编为华北联合大学文艺工作团，挺进敌后，活跃在更加广大的华北敌后战场。

十二、陕北公学办学过程中的斗争

陕北公学是在严重的民族危机和复杂的阶级斗争环境中建立起来的，她的创建和发展并不是一帆风顺的，她经过许多困难，也有过严重的斗争。

一九三七年八月至一九三九年期间，是中国政治形势的重大转折时期，由国内战争转为国共合作和抗日战争，敌我友三种势力错综复杂，民族斗争和阶级斗争形势交相变化。在统一战线的局面下，随着陕北公学的大发展，学生的成分也复杂起来，各种矛盾混杂在一起，办学过程中发生过一些问题，其中有我们自己工作中的失误，也有不良分子的破坏。我们正是在复杂的斗争中巩固我们的队伍，纯洁我们的队伍，逐步前进和发展。

从以下几件事可以看出陕北公学办学过程中复杂的斗争，应从中记取经验和教训。

第一件是黄克功枪杀刘茜的事件。这件事轰动了延安，也引起西安国民党的鼓噪。事情发生在陕北公学初建的时候，由抗大第四大队拨给陕公二百多个学员，其中有一个叫刘茜的女学生，十八九岁，是个新党员，很活泼，原来在抗大时和队长黄克功相识。黄克功是长征干部，二十多岁，追求刘茜，经常晚饭后过延河来找刘茜谈心。一次向刘茜求婚，刘茜不愿意，拒绝了。黄克功拔出手枪威胁她说，你不同意，我就打死你。刘茜不怕，说，你打吧。黄克功冲动起来，当真开枪把刘茜打死了。我们发现了刘茜的尸体，开始还以为是被国民党特务杀死的。后来黄克功十分懊悔，神色不宁。抗大的同志又发现他洗衣服上的血迹，就找他谈话，他毫不隐讳地承认了，才弄清了真相。抗大立刻把黄克功扣押起来，并通知了我们。第二天我们过河到抗大去，听了汇报，感到事情很严重。这时毛主席也接到了报告，亲自跑来和我们一起讨论研究这一事件。抗大同志汇报了黄克功的情况，毛主席听了，神色十分严肃，他说，我们正在从全国各地吸收大批知识青年来延安学习，黄克功的行为有极大的破坏作用，一定要审判处决，严肃法纪。当时我们听说黄克功曾沉痛地表示，要求到前方作战，把血流在抗日战场上，以赎自己的罪过；我们还了解到他在长征中作战勇敢，对革命有功。因此，虽然对他为个人恋爱而杀害自己同志的行为十分愤慨，但内心实在不忍杀他。可是毛主席讲完他的意见后就走了。张闻天同志也说，这是一个对外影响问题，必须按党的政策严肃处理。于是边区最高法院在一九三七年十月十一日开公审黄克功大会。审讯结果，黄克功承认了自己的杀人罪行。公审中指出这种事在苏区从未发生过，黄克功为着个人恋爱，枪杀革命同志，抛弃了过去艰苦斗争的光荣历史，破坏红军纪律，违犯革命政府的法令，是革命队伍中的败类。为了严肃革命纪律，法院宣判在公审大会后立即将黄克功执行枪决。黄克功临刑前还高呼"中国共产党万岁！"我们就是这样严格地遵守法制，维护革命纪律，通过这件事教育青年，巩固我们队伍的团结。消息很快传到了西安，国民党报纸大肆宣传，闹得很凶，说什么"延安出了桃色事件，红军干部枪杀女学生"等等，想破坏我们的招生工作。由于我们及时正确地处理了这一事件，挽回了影响，青年学生还是络绎不绝地到延安来。

第二件是"卡尔学会"事件。也是陕北公学建校初期的事。有七八个从大城市来的青年学生组织了一个"卡尔学会"，公开发布成立启事，并征求签名。这本来是学生交流学术思想的自发组织，为首的叫张式愚，是作家张天翼同志的侄女。过去在白区，进步人士写文章，为了避开国民党特务的耳目，习惯地把马克思称作"卡尔"，所以这些学生起名叫"卡尔学会"。我们一些干部，特别是那些从红军中来的，不了解情况，对抗日民族统一战线政策理解不深，对某些知识分子的特点了解不够，竟然把这个组织当作"反动组织"，找张式愚等人谈话，问他们，现在到根据地了，为什么还搞"卡尔学会"，不叫马克思主义学会？张式愚说："我们在外边搞惯了，我叔叔叫张天翼，是白区地下共产党员。"这个干部说，天晓得张天翼是什么人。不相信她的话，竟然开了两三次斗争会，还写大字报批判他们。最后强行解散了"卡尔学会"，并因此牵连了好几十人，还把这七八个发起人开除了。其他的人在毕业时不给分配工作，叫他们到大后方自找出路，有的学员不得不回到延安找党。这样做，当然是错误的。我们后来还是把他们送回西安，介绍给西安八路军办事处分配他们到原来的地区工作。我还亲自去送他们，鼓励他们回去好好搞抗日救亡工作。虽然国民党又借此事大作反面宣传，但是张式愚经过陕北公学短期的学习，哪怕受了冤枉，仍然热爱共产党，始终不离开共产党，每过一个时期就主动向当地党组织汇报自己的工作情况（后来又做我们报社的采访员），一直表现很好。这件事教育了我们的干部，要了解我们的教育对象，要学会用民主的方法做知识青年的工作，要正确执行党的统一战线政策。这个教训，应当记取。

陕北公学学生当中，也有极少数经不起战争和困难的考验，当了逃兵，甚至成为民族的败类。一九三九年七月中央决定陕北公学、抗日军政大学、鲁迅艺术学院等学校挺进敌后办学。绝大多数同学热烈拥护这一决定，不畏艰险，斗志昂扬，高唱着战歌踏上新的征途。可是却有那么一小部分人发生了动摇。有一个叫杨杰的学生害怕战争，纠集了各校

71

意志薄弱的学生，不愿上前线，在我们准备出发时，他们要求脱离学校回西安。他们以前在校时就对理论学习和抗战工作消极抵触，还经常造谣生事，扰乱秩序。学校一直耐心教育他们，但仍无效，最后也同意他们离校，并妥善安排他们回西安去。可是九月间，杨杰等人到西安后，跑到国民党战干团去，还在西安《文化日报》上发表启事，攻击抗大、陕公等校同学和边区政府，诬蔑我党团结抗战的进步事业，参加了国民党顽固派第二次反共大合唱。后来陕公、抗大、鲁艺等五校学生公开发表宣言，痛斥这些民族败类，并要求学校当局永远开除这些人的学籍。

这些民族败类，尽管喧嚣一时，也得到国民党顽固派的支持和喝彩，借以作为反共的工具，但是却丝毫不能阻止教育革命的步伐。陕北公学在斗争中继续前进，在艰苦环境中锻炼成长，证明了陕北公学的政治工作、理论教育工作是有成绩的，是有战斗力的，是经得起艰苦战争和阶级斗争的考验的。

十三、毕业上前线

陕北公学创办以后两年内，培养了六千多名抗战干部，吸收了三千多人入党。这样高速度、高质量地造就革命人才，在中国教育史上是空前的。

陕北公学学员普通班一般是学习四个月毕业，也有的因前线急需干部，提前结业分配工作。延安总校自一九三七年十一月至一九三八年五月，先后有四批学员毕业，分校自一九三八年五月至一九三九年七月，有两批学员毕业。陕北公学学员在校学习时间虽然只有几个月（有一期只学了两个月就分配了），但毕业时，都发生了很大的变化。我在一九三八年欢送一批陕北公学毕业生上前线时写过一篇文章，总结陕北公学半年来的工作，曾讲到这个变化：学员刚入学时做过一次入学测验，政治问答题很多人不及格，毕业时再测验多数是九十分以上。有的少爷小姐初来时，带有浓厚的小资产阶级习气，毕业时完全不同了，能吃苦了，肯劳动了，在风雨中学习劳动、上山下岭，十分愉快。他们在很短时间内，从小姐少爷转变成劳动能手，从自由散漫的小资产阶级知识分子转变成纪律严明的无产阶级战士，从一般的爱国者转变为有共产主义理想的革命青年，这是陕北公学教育的伟大成果。

有了这样的思想基础，陕北公学学员的毕业分配工作是十分顺利的。他们无条件地服从抗战和革命的需要，决心把自己的青春献给祖国的抗战事业和人民的解放事业。

各抗日根据地特别欢迎陕北公学的毕业生，每期结束时，许多单位到陕北公学来要干部、选干部。我们根据学员的情况和各单位要求的条件制定分配方案，有时学员尚未毕业，就因工作急需提前分配，常常是今天得到组织的通知，当晚班里开个鉴定会，同时也是欢送会，第二天就愉快地背上背包踏上新的征途。

绝大多数毕业生是按照当时我党的中心任务，被分配到抗日前线、敌人后方的各根据地去工作。年纪小的则继续学习，进行专业培养。有的学生到通讯学校、卫生学校学习，准备将来到部队去工作；有的学生继续到抗大学习，准备做军事干部；有的学生则到鲁艺去学习；有的学生到边区政府工作；有的华侨又派回南洋去，在华侨中做宣传工作。记得国民党部队也来向我们要过干部，他们说共产党培养的干部做政治工作最拿手，例如十七路军甚至石友三部队都来要过干部，我们也调了一

★ 陕北公学毕业证书（一）

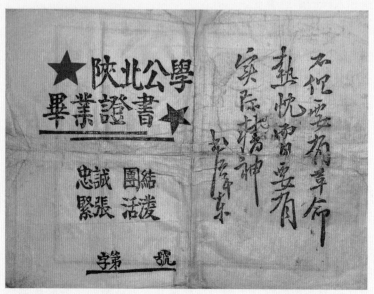

★ 陕北公学毕业证书（二）

些人去。还有一部分学员回到敌占区和大后方去做救亡工作，这些学员临走时，我和校党委同志都找他们谈话，有的给他们写信介绍一些大后方的社会关系，帮助他们更好地开展工作。

　　学员每期毕业，我们都组织一次盛大的欢送会，这是激动人心的战斗动员，也是一次广泛的爱国主义和革命英雄主义的教育。学员们都争着要求上前线，以分配到前线工作为荣，他们豪迈地说："陕公已成了我的第二家庭，陕北成了我的第二故乡，为了使第二个故乡不受敌人铁蹄的蹂躏，我要求上前线，打回老家去，驱逐敌人出中国。"他们的口号是："毕业上前线！""到最艰苦的地方去工作！""一切服从革命的利益！"。

　★　一九三八年五月十六日，陕北公学毕业同学开赴前线

一九三八年冬送分校第一批毕业同学上前线，这是规模最大的一次。根据党的六届六中全会扩大民众运动、广大发展敌后方的游击战争的方针，陕北公学分校动员一千多名学员分配到晋东南抗日前线去。欢送大会上，学员们豪情满怀，斗志昂扬，高呼"打到敌人后方去""巩固和扩大敌后抗日根据地"的口号。毕业生代表纷纷表决心，誓与敌人血战到底，用生命保卫祖国和人民。会后，毕业同学像出征的战士，一批一批地高举红旗，高唱着《毕业歌》踏上征途。这支歌是由我写词，由吕骥同志作曲的。

"这是时候了，同学们！该我们走上前线！我们没有什么挂牵，纵或有点儿留恋。学问总不易求得完全，要在工作中去锻炼。国难已经迫到了眉睫，谁有心意长期钻研！我们要去打击侵略者，怕什么千难万险！我们的血已沸腾了，不除日寇不回来相见！快赶上来吧，我们手牵手，去同我们的敌人血战！别了，别了，同学们，我们再见在前线！别了，别了，同学们，我们再见在前线！"

欢送的同学也唱起《再会吧，在前线上》的歌曲，作为回答。"再会吧！在前线上！民族已到最后关头，抗战已到紧要时候，说什么流血，怕什么牺牲；……中华民族儿女们，慷慨悲歌上战场，不除日寇誓不还乡，你们先去吧，我们就赶上！再会吧！在前线上！"这些战斗的歌曲，激励同学们热血沸腾、义无反顾地奔向战场，挺进敌后，战斗在民族解放战争的第一线。有不少学员在前线英勇斗争，壮烈牺牲，实现了自己歌声中的誓言。

这是我们陕北公学学员毕业分配工作的主流，绝大多数学员服从革命需要走上战斗岗位。但是也有少数人害怕艰苦生活，要求回大后方国统区，我们也尽力做好思想工作，然后"礼送出境"。其中多数学员仍能和我们合作，从事进步的民众运动和统一战线工作。

分配到大后方的同学响应学校的号召，在各地（如湖南、重庆、西安等地）组织陕北公学同学会，一地只要有三个陕公同学，就可以成立同学会，积极进行宣传工作和民众运动，向大后方群众介绍陕甘宁边区的民主政治、经济生活和文化生活，介绍陕北公学崭新的教育制度和教学方法，此外还广泛地为母校进行募捐。这些活动对大后方的群众了解共产党和抗日根据地的情况，起了积极的作用。

两年来，陕北公学培养出来的六千多名干部，分布到全国各个战场、各条战线，在革命战争的烈火中，在群众运动的激流中，锻炼成长。今天，很多同志成为党和国家在各条战线上的领导骨干，继续新的长征。

在结束这一章的时候，我不禁想起毛主席一九三八年三月十日给陕北公学的题词中的一句话，他说："陕北公学是属于中华民族的，因为他为着抗日救亡而设，因为他收纳了全国乃至海外华侨的优秀儿女。"接着他到陕北公学作讲演说："中国不会亡，因为有陕公。"当时，这句话对陕北公学师生是多么巨大的鼓舞啊！现在想起来，我的心还是很激动的，这是党对我们陕北公学的教育工作者极大的信任和期望。我们从事的是一项伟大的事业，是挽救民族危亡和创造中国未来的伟大事业。四十多年来的战争烽火和政治风浪，证明我们许多陕北公学老同志是经得起严峻考验的，没有辜负毛主席当年的信任和期望。还有许多陕北公学老同志在战争中英勇牺牲了，或在林彪、"四人帮"的迫害下，坚贞不屈地死去了，他们是中华民族的优秀儿女，是党的好干部，他们是陕北公学的光荣和骄傲，我们永远怀念他们。

伯渠等六人發起

籌辦陝北公學

實施國防教育培養抗戰人才

怪特訊：目前抗戰動後，為了實施抗敎育，培養抗戰才，由林伯渠，吳玉章必武，徐特立，成仿吾、張云逸六人，在陝北延安發起建立陝北公及同等程度者。其餘校址設立延安縣，由成仿吾擔

任校長。該校內分政治經濟系、師範速成系、醫順系、國防工程系、日本研究系等五系。學員名額暫定一千名，屬第二百人，人數額格：規定政治經濟系與高中畢業及同等程度者。其餘四系初中畢業之同學

程度者。目前已正式成立籌備處，由成仿吾籌主任。關於校務及各種設備，正積極籌備中。凡入學員科均一律收錄狀。開辦校已在三原、西安、延安等三地設立有名區。保於本年雙十節即行開办。

第二章

华北联合大学

（抗日战争时期）

一、从枸邑到延安

一九三九年春夏，日寇增兵华北，妄图渡过黄河进攻我党中央所在地的陕北。日寇已经有几次派小部队试图西渡黄河，被我河防八路军打了回去。国民党顽固派也增兵关中，在枸邑、淳化一带同我八路军驻军不断摩擦，并几次袭击我军，被我军击退。

当时，在陕甘宁边区，我党办了十七所干部学校，有师生数万人。在日寇战火迫近、顽固派封锁加紧的形势下，学校是向后退到甘肃去呢？还是向前挺进到华北前线去？如果后退到甘肃去，那里有顽固派困扰，是一条死路。党中央决定陕甘宁边区几所主要的大学大部分师生向前方挺进：抗日军政大学，由罗瑞卿同志任校长；陕北公学、鲁迅艺术学院、延安工人学校、安吴堡战时青年训练班，四校联合，成立华北联合大学，由我任校长。一起开赴敌人后方，为坚持华北抗战，去开展国防教育。

六月上旬，我们接到党中央的上述通知，心情很兴奋。为了神圣的民族解放事业，为了新中国的创造，我们又一次踏上新的长征，再上前线，心情是豪迈的，也深感职责之重大和光荣。但是，离开党中央的直接领导而远征，又都有依恋和惜别的心情。

一九三九年六月下旬，我们带领陕北公学的队伍千余人，从枸邑看花宫出发。方圆几十里的老乡，听说我们陕公师生要上前线，扶老携幼赶来送行。关中分区党政军领导同志，也恋恋不舍地同我们握别。年轻的男女同学们的队伍，整齐地蜿蜒行进在关中的黄土高原上。每队前面，红旗招展，火力班背着枪支雄赳赳地走在每队的最前面。同学们背着背包、图书与干粮袋，一个个昂首挺胸，一面迈步行进，一面不住地回首向老乡和因病弱留下的同学们挥手告别。雄壮嘹亮的歌声，此起彼落："这是时候了，同学们！该我们走上前线！……我们的血已沸腾了，不除日寇不回来相见！……""……中华民族儿女们，慷慨悲歌上战场……再会吧！在前线上！""……不怕雨、不怕风，抄后路、出奇兵……到敌人后方去，把敌人赶出境。"

同学们慷慨激昂的革命豪情，以天下为己任、把民族命运担在双肩的革命抱负，深深地激动着我的心。伟大的共产主义理想，革命乐观主义的情操，给我们以无穷无尽的力量。带着这样一支革命青年的队伍，使我们这些三十来岁的中青年战士，也觉得越发年轻起来，充满了青春的活力和战斗的豪情。

翻过几座断裂的黄土高原，队伍到马兰镇休息了一天。镇旁有一条清澈的河流，大家纵情在河里游泳洗涤。自马兰继续行军，经宜君、黄陵、洛川、甘泉而至延安。我曾几度经过黄帝陵，那满山茂密的古柏苍松，给我们很深的印象。我想，一样是干旱的黄土高原，黄帝陵四围却如此苍翠蓊郁，无非是有人护林，可见事在人为；大家深信祖国那么多的濯濯童山，都是可以绿化的。

从栒邑到延安行程是三百里。七月初，队伍越走近延安，青年人的脚步也越轻快，真是"万里赴戎机，关山度若飞"。我们到达延安古城，正是夕阳辉耀着山头塔影的时候。在熟悉的南门边蹚过了延河，又沿着清凉山和飞机场东行二十五里，一路上看到陕北公学旧址，景物依旧。天黑下来，回看延安城周围，一座座山上的一排排窑洞放射出灯光，宛如几只巨型战舰停泊在黑夜的海洋上。到我们的宿营地桥儿沟，已是深夜了。

二、党中央、毛主席欢送我们上前线

到延安后，党中央张闻天、陈云、李富春同志很亲切地接见我们陕北公学的几个负责人，传达中央的有关决定，并一同仔细地商量有关事宜。

华北联合大学下设四个部：社会科学部、文艺部、工人部、青年部。陕北公学改编为社会科学部，鲁迅艺术学院改编为文艺部，延安工人学校改编为工人部，安吴堡战时青年训练班改编为青年部。陕公、鲁艺、工人学校留下少数人在延安继续办学，多数参加华北联合大学去前方。冯文彬、胡乔木同志主办的战时青训班，因校址安吴堡在国统区的三原县，常受顽固派骚扰，除少部分同志随冯、胡两同志留在延安中央青委工作，一部分同学毕业分配外，其余半数以上同学参加华北联合大学青年部，该校即停办。

华北联合大学由我任校长兼党团书记。体制是党团领导下校长负责制。江隆基同志任教务长，兼社会科学部部长。李凡夫同志任副教务长。何干之同志任社会科学部副部长。文艺部部长为沙可夫同志，他原是鲁迅艺术学院的副院长，早年留学法国和苏联，曾在中央苏区的瑞金从事戏剧和文艺的领导工作，创作和翻译过不少剧本，是一位革命的剧作家。文艺部副部长为吕骥同志，是一位著名的革命音乐家。工人部由从事过白区工人运动的朱改、张淮三同志带队。青年部由从事过学生运动的申力生、张立之、何力平等同志带队。

华北联合大学政治部主任为张然和同志，他在中央苏区时期曾是福建省委的一位负责人。党委书记申力生同志，是一位年轻的政治工作干部，兼管青年部。当时党委的任务是管理党务工作，对学校的任务起保证作用。供给处处长鲍建章同志，原是红军的师级参谋，因负伤改做后勤工作。副处长蒲运明同志也是一位老红军干部（他一九四〇年回延安）。卫生处处长范实斋同志，是一位有药学专长的老干部。

李富春同志告诉我们，中央原拟延安中国女子大学也参加华北联合大学去前方，后来考虑到女同志太多，通过敌人封锁线有困难而作罢。

由于敌情严重，中央要我们半个月内尽快起程，目的地是到晋东南抗日根据地。

军事方面，中央军委决定联大和抗大两校合编为一个纵队，番号为"第五纵队"。由罗瑞卿同志任司令员兼政委，我任副司令员。联大编为纵队下的一个独立旅，由我任旅长兼政委，同时派来一位姓王的军事干部任旅参谋长。军委决定由贺龙同志所部一二〇师的三五八旅派两个主力团掩护我们过同蒲路封锁线。三五八旅的旅长是彭绍辉同志。

随后，我们同罗瑞卿同志及纵队参谋长研究行军编队及行军路线，决定组成三个梯队。抗大有五千人，而且配备有武装，他们经过军事训练，是有战斗力的学生军。他们编为五个团，每个团一千人。第一、第二梯队各由两个团组成，相继在前面开路。另拨一个战斗力较强的团，参加独立旅，以加强独立旅的防卫能力，抗大这个团的团长刘忠同志、政委黄志勇同志，都是富有战斗经验的年轻的老红军。华北联合大学本身出发上前线的共一千七百人，编为两个团，社会科学部为第一团，文艺部、工人部、青年部为第二团，加上抗大刘忠同志这个团为第三团，共三个团和一个独立旅的旅部直属连，组成第三梯队，继第一、二梯队之后跟进。

这时，罗迈（李维汉）同志已在延安担任中共中央干部教育部副部长。我们商量，请毛主席和中央书记处几位负责同志来给我们上前线的同志作报告。经我们联系，毛泽东同志、周恩来同志、博古同志，还有当时的王明，决定来给我们作报告。由于我们在延安逗留的时间短，不能请更多的负责同志来作报告了。中央政治局还决定在我们出发的前一天晚上，在陕北公学礼堂举行一个欢送晚会，在延安的中央政治局的同志们出席，同我们上前线的师生员工代表见面送别。

作报告的先后次序是博古、王明、毛主席、周副主席，地点在桥儿沟天主堂。七月初，博古同志先来作报告，讲"中国抗战的国际形势"，地点在桥儿沟天主堂西侧水泥地的场院里。他还是那样不断地猛吸着香烟，边想边讲，有条不紊，还列举了中日国力消长的许多数字，来论证抗战必胜。第二个来作报告的是王明，讲"统一战线"问题，手里拿了本红皮的俄文的《联共（布）党史简明教程》，翻开来用中文口述引证了几段，卖弄自己，故作高深，真是装腔作势。

一九三九年七月七日，正是抗战两周年纪念的日子，毛泽东同志来给我们作报告了。他坐一辆华侨捐献的汽车，到了桥儿沟天主堂西侧广场前面。我到车门前接他，引他穿过广场上密密层层席地而坐的人群，进到场院东首中间的讲演桌边，请他面向西边广大人群坐下。毛主席讲演时喜欢走动和做手势，于是我请坐在桌子后面地上的同志们再退后一点，留出桌后一米多的一小块空地。我宣布："今天是一九三九年七月七日，根据党中央的决定，宣告华北联合大学正式成立，并请毛泽东同志讲话。"

那时没有扩音器，几千人密密麻麻地紧紧挤坐在毛主席周围，屏声息气地仔细谛听着毛主席讲的每一句话。毛主席谈笑风生，边讲，边走动，边做手势。他号召同志们"深入敌后，动员群众，坚持抗战到底"。他引用古典小说《封神演义》里一个故事作比喻说："当年姜子牙下昆仑山，元始天尊赠了他杏黄旗、四不像、打神鞭等三样法宝。现在你们出发上前线，我也赠你们三样法宝，这就是统一战线、武装斗争、党的建设。"毛主席还说："同志们，你们出发到前方去工作，要不怕困难，不怕麻烦；革命工作，就是艰难而麻烦的工作，我们又要打日本，又要打汉奸，又要同反共顽固派作斗争，你看多麻烦呀！"他谆谆教导我们："你们到前方去创造根据地，不但要争取民族的解放，而且要争取社会的解放。"

毛主席这次给我们讲话的主要思想，几个月后，一九三九年十月，发表在《〈共产党人〉发刊词》一文中。

毛主席讲完话后，由女同学邓寿雨代表联大向党中央和毛主席宣读了告别中央奔赴前线的决心书。读毕，毛主席接过了决心书。这时，同学们振臂高呼口号："到敌人后方去！""打倒日本帝国主义！""中国共产党万岁！"许多同学涌过来，拿着笔记本要毛主席题词。毛主席笑着接过钢笔和笔记本，写上"打日本，救中国"或"抗战到底"等题词，并署了名。后面涌上来的人太多，毛主席只好在笔记本上签上"毛泽东"一个名。我怕毛主席太累，劝说师生们不要再涌上来，护送毛主席上了车。

紧接毛主席讲话的二三天以后，大约是七月十日，周恩来同志来作报告。那是下午，天很热，就请恩来同志在天主堂的礼拜堂里讲，礼拜堂里面和外面广场上都挤满了人。

恩来同志讲的是"中国抗战形势"，历时四小时，阐明了党中央抗战两周年宣言中提出的方针："坚持抗战，反对投降；坚持团结，反对分裂；坚持进步，反对倒退。"讲到统一战线工作，周副主席说，不只是对上层人士要做统战工作，你们到基层，也要做统战工作，我们要团结一切可以团结的力量，共同抗日，共同进步。我坐在讲演桌旁，他还指着我向大家说："同志们出发到前方去，在文学家成仿吾同志带领下，你们不但要打日本，还要创造新社会，开展根据地的文化、教育、文学、艺术活动，你们要成为最活跃的革命力量！"大家认识到，这些话，是党中央给我们的任务，我们不能辜负中央的期望。这些话，深深地印在大家的脑海里。

恩来同志报告结束时，全场喊起了"欢迎周恩来同志唱歌"的口号，接着是雷鸣一般的掌声。恩来同志张开双手高声笑着说："同志们，你们也太'残忍'了，我讲了四个钟头，你们还要我唱歌！好吧，我当指挥，大家一起唱，好不好！"全场齐声说："好！"于是，恩来同志先振臂指挥大家唱了个黄自的《热血歌》，又指挥大家唱了个冼星海的《到敌人后方去》。在全场热烈的鼓掌声和欢笑声中，我们送走了恩来同志，他上马扬鞭而去。

那时，刘少奇同志正在延安。他在自己住的窑洞里，给我和何干之同志等饯行。少奇同志买了点酒和肉。何干之同志是广东人，会做叉烧肉，于是自告奋勇，卷袖下厨房，洗手做羹汤，当了炊事员。我们宾主畅饮尽欢而散。当年生活艰苦，饭菜虽简，但革命的友谊，比古人燕市击筑而歌，易水寒风送别，还要深厚多少倍！

七月十一日的晚上，中央举行欢送晚会。可容八百人的陕北公学礼堂，人们挤坐得满满的。在延安的中央政治局委员差不多都来了，还来了中央各部门的许多负责同志。当毛主席等负责同志到达时，全场都热烈地鼓掌。毛主席等也频频招手致意。毛主席坐下后，问我："杨展来了没有？"杨展是杨开慧同志的侄女，幼年时同毛主席一起生活过。一九三〇年开慧同志在长沙被杀害后，暴尸刑场，年仅十岁的杨展曾多次要去背霞姑的遗体。她在一九三八年是长沙周南女子师范学校的地下党支部书记，一九三八年秋到达枸邑陕北公学分校学习。她对自己要求很严格，各方面表现都很自觉。这次行军出发时，她被调到政治部工作。这年她刚满二十岁。抗战爆发后，她常常同毛主席通信。毛主席在《论持久战》一文中写道："有个学生从湖南写信来说：……"这个学生就是杨展同志。这次她到延安才得有机会同毛主席见面。当听到招呼找杨展，何干之同志很快把杨展同志引到毛主席身边。毛主席握着杨展的手，凝视着她，问她家里还有什么人，现况怎样……

晚会开始，由党中央组织部李富春同志代表党中央致欢送词，由我代表上前线的师生致答词。然后由陕北公学剧团演出一些精彩的小剧目。陕北公学剧团有不少来自上海、北平、天津的文艺人才，有国内第一流的艺术水平。节目开始了，但是周副主席还没有到。这时，忽然有一个警卫员匆匆忙忙地跑进会场来，向毛主席报告，说："糟糕！周副主席的马滑下沟里，周副主席摔伤了右臂，正包扎中。"毛主席和中央同志们都很震惊，晚会只草草演了两个小节目就结束了。毛主席和中央的同志们去看周副主席去了。

原来，周副主席从杨家岭骑马出发，到陕公礼堂来参加送别晚会，骑马过了延河，他的马突然受惊，跳了起来，恩来同志没有防备，马滑摔下去，岸边是一个树根坑，还有嶙峋的大块乱石，恩来同志右臂撞在一块尖锐的岩石上，当时折断，骨头都露了出来，流血很多。后来，经印度援华医疗队的柯棣华大夫和巴苏华大夫临时包扎，上了夹板。当时延安的医疗条件很差，不能接骨。恩来同志后来飞到莫斯科去治疗，虽然接上了骨头，但已伤了筋。从此，他的右臂就不能伸直。几十年来，他就以伤残的右臂，做着极其繁重的工作，从写文章、批改文件，到纺线、种地。他是为送别我们联大师生而受伤的。几年后，当我们中有人问起："你那次为送我们联大上前线，伤了右臂，现在怎么样？"恩来同志高高举起右臂，哈哈笑着说："你看，我这不是很好嘛！"当年，恩来同志为送别我们而伤臂之后，我本来要马上去探望他，但因为要在第二天拂晓带队伍出发行军，当晚还有许多急事要处理，终究没有时间去。后来只好在行军路上写了一封信，表示深切的慰问。现在，恩来同志已不在人世，每提起这件事，总使我一阵心酸，不觉泪水盈眶！

三、东渡黄河

一九三九年七月十二日，我们从延安出发。

清晨，伴随着集合号声，队伍迅速地集合到广场上。无数的人来欢送，中央不少负责同志也来了。

出发号响了，队伍浩浩荡荡地迈着整齐的步伐出发，又唱起了慷慨激昂的歌："……我们要去打击侵略者，怕什么千难万险！……别了，别了，同学们！我们再见在前线！""……保卫家乡，保卫黄河，保卫华北，保卫全中国！"

欢送的人群也振臂发出雄壮的口号声：

"欢送联大到敌人后方去开展国防教育！"

"坚持华北抗战！打到鸭绿江边！"

"祝同志们胜利到达目的地！"

我骑着白马走在队列前面，这时也是壮怀激烈，思绪万千。

回想我是一九三七年一月一日进延安的。自从一九三六年"双十二"西安事变后，党中央和毛主席在十二月下旬就进驻延安，我那时在定边县城担任中央党校教务主任。我接到通知由定边动身，走了几天，到达延安那天正好是一九三七年的元旦。在延安这个充满了欢乐和战斗气息的革命首府，我整整住了两年。一九三九年一月，带陕北公学总校干部到枸邑看花宫，住了半年。在这两年半中，千千万万的革命青年从祖国各地投奔延安这革命的怀抱，经过革命熔炉的锻炼，又奔赴烽火连天的战场和祖国的四方！这次重返延安，我同中央的同志们重逢欢晤，仅及半月，匆匆地又踏上征途，"乍相逢，又别离"。啊，别了，延安！回首宝塔、延安城、延河水、清凉山，胸臆填满了无限的依恋之情！但是，奉中央之命，到敌后战场去办大学，这是历史上从来没有过的英雄事业，是崭新的创造！想到这里，我又信心百倍地挥鞭前进。

纵队行军序列，是罗瑞卿同志带抗大两个梯队先走，联大独立旅作为第三梯队跟进。当我们第三梯队到了延长、延川一线时，抗大的两个梯队已到了黄河边的延水关。罗瑞卿同志亲自带先头部队从延水关渡过黄河，到了河东的永和关。这时，正逢七月山洪暴发的雨季，我们到延川县后，连日大雨滂沱，黄河涨水。山洪汇成激流，奔腾咆哮，浊浪滔天，把黄河大鲤鱼也冲到岸上来。后续大部队一时不能渡河，只好暂时停留，等待水退。

我们原拟全纵队分两路在军渡、柳林一线和延水关、永和关一线，同时渡黄河。罗瑞卿同志带先头部队渡河到永和关后，派侦察部队四处侦察的结果，认为：一则，黄河水涨，一时七八千人的大部队渡河困难。再则，在这一带渡河东进，日寇和顽固派势力很强。日寇占据着同蒲铁路沿线较宽阔的晋中盆地，阎锡山顽固军则占据着铁路西侧直到黄河的广大地区的城镇和村庄。他们有勾结，群众被控制。因此，由这条路线东进，会步步有战斗，也许会有大战斗。这就与两校顺利开到敌后的意图不合。

于是，罗瑞卿同志自永和关西渡黄河返回延川，同我们商量。经我们请示中央批准，决定改道北上，经清涧、绥德、米脂、葭县，到黑峪口、府谷一带渡黄河。因为那一带，河东有我军一二〇师主力在广阔地区活动，有中央晋绥分局在山西兴县，群众工作较有基础，距离同蒲铁路沿线日寇的炮楼、封锁线也较远，铁路以西有吕梁山、云中山之险，便于我们隐蔽行动，待机通过同蒲路封锁线。

于是，八月一日，我们改道北上。当时，清涧以北县政府还是国民党政权。我们队列整齐，行军速度较快。我们没有进清涧城，在破晓前从清涧城高耸的城墙外通过。绥德国民党专署是由反共顽固派何绍南当专员。八月四日，我们队伍进绥德城后，露营在商店的屋檐下和空场地里。八月七日到了米脂城，因为有一二〇师强大的驻军，群众基础很好，我们在城外一些村庄中休整了三天。从延安出发，炊事员大部分留在延安了，一路上都是同学们自己做饭，由于行军匆促，常常是领来麦子，把麦粒在碾子上压一压，做麦楂饭吃；加上淫雨污水，同学们拉痢疾的颇多。到米脂，吃到很好的小米红豆饭，基本消除了疾病现象。

八月十三日到葭县城。葭县在黄河边的丛山山岗之上，真有"黄河远上白云间，一片孤城万仞山"的景象。在葭县城内酣睡一夜，次日出城门而东，初升的红日，映照着滔滔的黄河。河岸壁立千仞，黄水奔腾澎湃，雪浪飞溅，涛声震耳，自北而南滚滚咆哮而去，真是天下奇景壮观！师生们队伍中唱起了："怒吼吧，黄河！……""风在吼，马在叫，黄河在咆哮……河西山岗万丈高，河东河北高粱熟了……"还有的同学高声地朗诵："君不见，黄河之水天上来，奔流到海不复回……"好不热闹！

队伍沿黄河边北行，蜿蜒曲折地行进在靠山傍水的山腰小道上，宛似一条长龙。仰望高山，俯瞰大河，悬崖峭壁，惊涛拍岸，一路上饱览这九曲黄河波涛险的壮丽景色。队伍里歌声不绝，"碰球"行令，输者罚唱，以减疲劳。这样沿着黄河西岸，每天行进或是八十里，或是九十里，足足走了三天，八月十六日到达盘堂渡口，对岸就是黑峪口渡口。自延川出发北行，也已十六天了。

盘堂——黑峪口渡口有我一二〇师驻军，群众基础很好。由此渡河，东岸即是山西省的兴县。

这个渡口水流虽急，但较平稳。渡船是方舟，方形而略长，每舟可

★　一九三九年八月，华北联合大学师生从盘堂渡口（在今陕西神木市）渡过黄河，到达黑峪口（在今山西兴县）

容三五十人，由当地的老艄公掌舵；头包白巾的船工小伙子们撑篙、摇橹。自河的西北岸盘堂渡口，顺流斜渡到对岸东南角黑峪口渡口。人马上齐后，在船工们的号子声和波涛声、狂风声的交响乐中，方舟似箭离弦，斜飞于浊浪之中，速度极快。河中虽有礁石，由于艄公谙熟航道，一船船过得很顺利。我经历过乌江、金沙江、大渡河的天险，这次又带领这几千名中华民族的优秀儿女渡河东进，去华北广阔的战场上与敌周旋，也感到心情恰似黄河一样的豪迈而宽广。我坐在高高的峻峭的河岸上，眼看着我们第三梯队近三千人马，除先头部队头一天已渡过外，大队人马在八月十七日一整天就顺利地渡河完毕（抗大的两个梯队已先期渡过）。我们怀着胜利渡河的喜悦，整队前进，入晚到达了我们的宿营地——兴县曹家坡村。

四、翻越吕梁山、云中山

在兴县，中央晋绥分局书记张稼夫、赵林、张邦英等同志热情地接待我们。一二〇师三五八旅彭绍辉旅长也来同我们研究护送我们过路事宜。他是身经百战的老红军战将，一只胳臂已受伤锯去。他派两个主力团护送我们三个梯队过同蒲路封锁线，以一个主力团护送至铁路西，以一个主力团在铁路线上接送过路。

我们第三梯队在兴县曹家坡一带休整了二十来天。第一，是为了等候罗瑞卿同志带抗大第一、第二梯队先胜利通过铁路封锁线，然后我们第三梯队才能起程。而每一次过路，只能通过二千多人，这是因为过路时间要在午夜，如果过路人数超过了三千人，队列太长，午夜过不完，拖到拂晓就易被敌人袭击。而且每一次过路后，中间要有几天间隔时间，以便掩护部队返回来，并侦察清楚敌人动静。

第二，是为了筹粮。从兴县出发，为了封锁消息，必须是夜行军；通过阎锡山统治区和敌伪统治区，临时无法筹粮，每人必须筹足七斤干粮，背着干粮袋行军。所以，在兴县，同学们天天到产粮区去背粮，用裤子当运粮袋，先扎上裤腿，装满小米后，再扎紧裤子腰，驮在脖子上背回来。为了节约粮食，这二十来天，每天只吃两顿小米粥，吃些盐拌黄花菜或萝卜丝。因为兴县虽有一二〇师强大驻军，但还是阎锡山统治区，筹粮并不容易。

第三，是为了整顿队伍和练兵。经过前段行军，发现有些同志体质太弱，又有些同志生了病，经不起通过封锁线的强行军，需要把这些同志留下。联大队伍，由一千七百人精减至一千五百人，留下了文路等一二百名同志，交晋绥分局分配工作。我们党委特别对保证女同志胜利过路作了研究，决定各连组织互助组，由两名健壮的男同志帮助一名女同志过路，又将少数年龄较大的女同志编在后勤运输队，可以拉马尾巴或用牲口驮运过路。我们提出了"保证不让一个女同志掉队"的口号。

在兴县，进行了多次的军事演习，进行夜行军、急行军训练。队伍实行了轻装，每人预备了两双草鞋。

同时，也召开了几次政治报告大会，我们几位负责干部作了政治形势和思想动员报告。又开了几次军民联欢大会，由文艺部的陈强、李伟、何迟、邓玉成等表演滑稽节目，逗得大家笑不可支。我们就是这样，越是在困难面前，越要发扬不怕困难的革命乐观主义精神。

九月十六日，得悉第一、第二梯队已由罗瑞卿同志率领先后胜利过路，我们第三纵队从兴县出发。我们队伍两侧，由彭绍辉同志亲自带一个团一路警戒护送，防止阎锡山顽固军袭击。又让刘忠同志这个团断后。刘忠同志在长征中过雪山后，毛主席曾让他带一支部队向成都方向佯动，迷惑敌人，他胜利完成任务后追上了红军大队，很是机智勇敢，所以他这个团断后大家很放心。

我们经过康宁镇附近，翻越著名的吕梁山，盘旋而东，这一路都是夜行军，以封锁消息。每日傍晚起程，整夜行军，白天在村庄或树林中隐蔽休息，不脱衣服，骡马隐蔽在树丛里，避免被日本飞机发现。

经过岚县、方山附近，又走了一夜，下得山来，九月二十一日拂晓到达娄烦镇，居民还在梦乡中。我们在镇东涉汾河，河水清涟齐腿，凉风阵阵拂面，已有秋凉之意，这正是"秋风起兮白云飞"的时节。过了汾河，登上了高耸入云的云中山。这一带是一层层的梯田，满种着荞麦、莜麦、谷子、高粱、玉米、蒿子，比那贫瘠的陕北，显得土地丰腴，农作物茂密而富于色彩的美。队伍虽然不能像在陕北行军那样一路纵情歌唱，而是"衔枚疾走"，但每日在夕照中观赏着秋山老圃，却也颇不寂寞。

翻过云中山，就接近敌占区的同蒲线"封锁面"了。从兴县出发，已经经过六个夜行军。九月二十三日，开始了第七个夜行军，这一夜要走七十里山路，赶到距同蒲线四十里的集结地，越过同蒲线再走四十里，才能到晋察冀军区控制的游击区，这一个紧急行军，全程是一百五十里。这一夜急速行军，避开大路，走的全是乱石山路小道，虽然是下坡路，路却很难走，天又漆黑，伸手不见五指，又不能有任何火光，同学们一个紧跟一个，在乱石树杈碰撞中一气儿急行了七十里，到得集结地的一个山沟小村庄附近歇下来，人们都累得放下背包，躺倒地上就睡着了。

我和彭绍辉旅长在小村庄里摊开地图来研究。在沿同蒲路两侧平川和小丘陵地上，从西至东，有宽约八十里至一百里纵深的日伪军控制区，形成"封锁面"。在这个"封锁面"上，敌人据点、岗楼林立，在许多重要的通道上又构成了一层层交叉火力的封锁线。我们计划通过的太原以北、忻县以南，高村和平社车站之间这一地区，铁路线上有豆罗镇、麻会镇两个敌伪据点。铁路西面，有三交、罗家会等据点，铁路东面，有大孟镇、董村、杨兴、西烟、上社、下社等敌伪据点。铁道上经常有敌人火车头、铁甲列车来回巡逻。我们要通过的地方，离太原不过七十多里，太原敌人机动部队随时可以出动袭击，而我们队伍主要是一千五百名徒手的男女学生和知识分子。因此，要顺利突破这个"封锁面"，是一个十分艰巨的任务。

五、突破敌人一层层的封锁线

九月二十四日凌晨三时许，队伍到达了预定的集结地——几个小村庄。这些小村庄在半山腰的一条山沟里，被浓密的树林覆盖着。这里离同蒲铁路只有四十里，离太原城也不过七十多里。天很黑，离天明还有两个小时，同学们经过六日连续的夜行军及这一夜的急行军，已经疲累不堪，在树丛里，身子靠着背包，都横七竖八地呼呼睡着了。

这时，来接送我们过路的三五八旅七一四团也已赶到这个集结地，战士们是当夜急速从铁路东越过铁路线才赶到的，他们在铁路东侧曾遭敌人伏击，经过一场恶战才摆脱敌人，也是跑得十分疲乏，在树林里一歇下来，就抱着枪躺在地上睡着了。

我和彭绍辉旅长带着几个警卫人员，寻找七一四团的顿星云团长，在一个小屋子里找到了他。他正累得汗水湿透了军衣，脱衣要睡。见到我们，顿星云同志说："旅长，部队遭到了敌人伏击，刚刚突围出来，实在太累了！"彭绍辉同志说："你冷静点，慢慢讲。"我也慰问说："你们太辛苦了，我们好好地商量。"

原来，顿星云同志护送罗瑞卿同志带的两个梯队，先后过了路。第二梯队有几个掉队的人员，零零散散地路过大盂镇时，被驻扎在大盂镇的日伪军在黑暗角落中突然开门出来，一个一个地抓进门里去了。这样就泄露了消息，大盂镇敌伪军一个连，知道顿星云团还要返回路西，就打了顿星云团一个伏击，七一四团有三个营遭到了伏击，受了些损失，但由于顿团骁勇善战，敌人兵力又不大，不敢追击，所以顿星云同志迅速带队伍突围过来，虽然跑得很累，还是按时到达了集结地。

彭旅长说："你们先睡一下，中午吃饱饭，下午还是要护送联大同志过路。这里是接敌区，不能停留，今晚必须过路。"

我和彭旅长一分钟也没有睡，继续研究通过"封锁面"的部署。我们独立旅的刘参谋长也是过度疲劳倒地睡着了，他在红军战争时期负过重伤，流血过多，脸黄黄的，身体不好。我叫醒了他，他才揉着眼来开会。

同志们睡到中午，吃饱了午饭，喝足了开水，有水壶的同志也带上了水。我就下令："继续午休，准备下午五点钟出发。"下午两点，我们在树林里召开下一个党员干部、积极分子会。我介绍了严重的敌情，贺龙同志一二〇师的彭八旅七一四团掩护我们过路的部署，队伍行进的路线、方向及几个集合地点。要求所有共产党员、干部，都要发扬勇敢顽强、艰苦奋斗、团结互助的精神，在困难面前不动摇、不低头，在敌人面前不畏惧、不屈服。只有前进，没有后退！我说："经过两个多月的行军，我们是锻炼出来了。一会儿就要过封锁线，得连续急行军七八十里，才能到达路东的山下，翻过山，就是晋察冀边区的游击区了。敌人也可能发现我们，向我们出击，我们千万不要慌乱，无论如何，我们只应该前进，决不能后退，我们一定要爬过路东的大山，到达晋察冀边区。"我强调要各连重新组织好两个男同志带一个女同志的互助组，加强通信联络，每人要扎紧鞋子和背包带，再次实行轻装。会后，各连干部都召开全连大会，进行传达和准备停当。

下午三时，顿星云团先出发。兵力部署是，前面一个连开路，铁路线上，在预定突破通过的这一段三百米的铁路线的南北两头，各配置一个连警戒，准备阻击敌人。另派一个营准备狙击太原出动之敌，其他各营，分别以机枪、大炮瞄准封锁沿途敌人据点，不准敌人动作。

上午曾有侦察员回来报告说，铁路线上有敌人铁甲车活动，有可能增兵。下午出发前，侦察员回来报告说："没有发现大的情况，大盂镇等据点仍是平常驻扎的一些日伪军，未见增兵。"可见我们行动隐蔽，消息封锁得好，没有引起敌人警觉，我们较为放心。我们这一千多名党的干部，是革命的宝贵财富，是不能受损失的，我们肩上的担子是很重的。

下午五时，队伍出发。每个人精神抖擞，背包、绑腿扎得结结实实，除了脚步声外，不发出其他响声。

当月亮缓缓地从东方升起时，我们已从大山下来，到达了平川的小丘陵地，这里已是敌人的所谓"治安区"，沿途村庄叫"爱护村"，村民在日伪骚扰下过着恐怖的生活，入晚早早就紧闭双扉了。我们以急行军的速度跑过这些村庄。

这夜月色分外明亮，长空澄碧，清光似水，照耀平川上的道路，如同白昼。

到了离铁路线十里路的一个村庄，我们命令队伍在村边略事休息，喝水，整顿一下。接下来队伍急行军以跑步的速度前进，两个男同志架扶着一个女同志一起跑步前进。有的身体较好的十七八岁的女孩如张藻楠等，不要男同志拉扶，自己奋勇跑步跟进。

冲向铁路线的这十里路，我们像是发动冲锋的队伍，勇猛地跑步前进。村内的伪村公所等房屋门前都有几名战士端着刺刀瞄准大门，防止屋内敌人冲出。

跑下一个小土坡，到了敌人的公路上，队伍在公路上跑了几百米，又跑上东面的一个小土坡，越过这个土坡，就到了同蒲铁路的铁轨，这是在敌人两边岗楼的射程之内的。但我掩护部队的炮口对着岗楼，使敌人龟缩在岗楼里不敢动。

铁轨两边站着许多端着枪的雄赳赳的七一四团的八路军战士。顿星云团长站在铁轨上，看见我骑马带队过来，他摆手向东并高声喊道："胜利通过！"我的马蹄踏在铁轨上，发出清脆的响声，过路后，立马回头看我们队伍的通过。看见同学们一连接一连奋勇地跑过路，顿星云同志高声地喊话鼓动："安全通过！""胜利过路！""同志们，沉住气，没关系，敌人不敢出来！"

在亲人的护卫下，到了铁道上，人们紧张的心情突然变得轻松了，有许多同志都俯下身来摸摸这山西"土皇帝"阎锡山特制的窄轨铁道。现在，这日寇吹嘘的"钢铁封锁线"被我们成千的男女知识分子照样突破了。

我带队继续急速前进，在平川上并没有脱离危险区，必须奋力跑向东面的大山。午夜时分，队伍相继爬上了路东大山的山腰。山上杂生着许多灌木丛，队伍在这里略为休息一下，喘喘气。人们已跑得浑身大汗，上气不接下气，一歇下来，就疲惫得躺在地上睡着了。歇了约十分钟，我动员大家爬起来，继续翻过山。我传话给各连说："一定要翻过山顶，才能安全休息。"人们又重振精神，再接再厉奋勇爬往山顶。

到了山顶，回首看太原城，隐约灯光一片，这里离太原是四十公里。

翻过山顶，又略歇一下，继续前进，下到山腰一个山坳里，树丛中有一个小村庄，庄前有一坑积聚的雨水。这半亩方塘受到了极大的欢迎，疲劳干渴已极的人们，拿着茶缸痛饮起来，有的同学干脆爬卧在塘边大口吸饮，顷刻之间，把这一坑积水，喝个精光，人们似乎比喝了王母娘娘的玉液琼浆还要痛快多少倍！

这次过路，第一团第一连在行军序列的后面，该连的后尾有少数同学掉了队，在敌人的"爱护村"里，被敌人包围袭击，齐一飞、吴明等多数同学冲了出来，有少数几名同学不幸被俘，其中有蒲更生等两名同学跳火车逃了回来，有几名被押解到太原，后来也陆续逃跑，脱离了敌人。说明我们队伍的素养是好的。

第二天（二十五日）拂晓，下了大山，到一条山沟里，这里已是晋察冀边区阳曲县的路东游击区，一些小村庄被敌人焚烧过，断垣残壁，群众搭了些临时茅草屋，可见这一带斗争的残酷。到了一个较大的村庄，叫南北温川，队伍歇下来，在清冽的溪水里洗洗脸，饮些泉水就着干粮吃了，在树丛里就地躺下来瞌睡，恢复体力。

我们突破敌人"封锁面"，第一夜急行军七十里山路，第二夜急行军八十里通过同蒲线平川，一共急行军走了一百五十多里。从兴县出发，我们足足经历了一星期的夜行军。

后来，我们看到敌伪报纸的有关报道，大字标题是《万余徒手共党越过同蒲线》。既是"徒手共党"，人数又多达"万余"，那你们吹嘘的这条"钢铁封锁线"怎么竟被"越过"呢？我们不禁哑然失笑。

六、华北联合大学的旗帜插在敌人的心脏上

罗瑞卿同志带第一、第二梯队过路后，在那一带等候我们第三梯队。早上，他骑了马来找我们。十时许，我们集合队伍讲话。

罗瑞卿的下颌骨曾被敌人子弹打穿，打去了几颗牙齿，高声讲话有些困难。但他声音洪亮，语言简短有力而富于鼓动性。他以浓重的四川口音说："同志们，我们胜利了！我们的胜利，就是敌人的失败。我们这回过路，不是一次，而是两次、三次！有我们英勇的八路军掩护，敌人都不敢动。敌人得到了什么呢？拣到了我们丢掉的破草

鞋！"（群众大笑）他继续说："这里还是游击区，但向东前进，就到晋察冀边区的巩固区了，那时，我们就可以丢掉夜行军的棍子，大摇大摆地走！……"

我也讲了话，动员各连把自己的队伍整理好，有秩序地前进。

红日照遍了山峦。敌人知道我们已安全过路，为了报复泄恨，就疯狂地向我们集结方向开炮，威慑我们。炮声隆隆，炮弹呼啸而过，落在我们集结地附近的山上，侦察员报告是西烟据点的敌人向我们打炮。顿星云同志对这一带地形非常熟，由于考虑到沿大路走易遭敌人追击和炮击，老顿带领我们登上五台山南端的一座大山。这是在定襄、五台、盂县、杨兴、西烟、上社、下社、会里这些敌伪据点中间的间隙地区。在越过一些光秃的山顶时，西烟、下社敌人据点的望远镜能看到我们，但敌人也无可奈何。我们在这连绵的高山上，曲曲弯弯向东走了几十里。黄昏时分，天气骤变，阴云四合，大雨倾盆，草帽已无济于事，每个人奋勇地在风雨交加中前进，衣衫早已湿透，倾盆的雨水，打在每个人的身上，从头到脚直流。山径云黑，晚上，顺着一条峡谷下山时，已是漆黑一片。这天，顺着一座座大山之巅，又已走了八十里。下山的路很陡峭，滑溜的岩石路上雨水急流着。我传下一个口令："山陡路滑，下山注意安全。"大家互相照应拉扶着下山。进入了一条深深的狭窄的峡谷山沟，只见两旁峭壁千仞，一线天可见，条条瀑布挂前川，沟底满是乱石和汇流的山洪急流，哪有什么路。人们就顺着这千回百转的峡谷，蹚水踩石，弯弯曲曲，艰难地行进。这条峡谷原是滹沱河的一个上游源头，四十里长，我们整整走了一夜。破晓时出了峡谷沟口，发现沟口两边有哨兵，原来是晋察冀军区第二军分区来迎接我们的部队。这里已是边区的巩固区了。九月二十五日，一天一夜，总计又走了一百二十里。

出了深谷，豁然开朗，只见迎面一条大河，白浪滚滚，向东南流去，这就是滹沱河了。我们顺滹沱河又走了一阵，到了盂县和平山县交界的赵庄村。这个村庄较大，满种着枣树，树上结满了累累的青红色的枣儿。群众扶老携幼地在村口欢迎我们，这真是到了家了。先头部队已安排好了房子，大家分头进了屋，拧干衣服，许多人上了炕，由于极度疲乏，倒头就呼呼地沉睡了。

午饭是第二军分区慰劳我们的羊肉面片汤，这一顿，平均每人合一斤半白面，四个人一只羊的羊肉。许多人直沉睡到下午才起来吃，吃了这样丰足的羊肉面片，还意犹未足。下午倒头又睡，直到次日日高三丈，人们才陆续起来，洗澡、洗晒衣服、烧开水烫虱子。我们就这样休息了三天，总结行军，表扬先进，等齐后续的病号收容队和掉队者。

这时，正赶上陈庄战斗，罗瑞卿同志带着抗大学生军赶去了。刘忠同志这个团和老顿这个团，也集合起来赶去了，我们华北联合大学也有部分警卫战士去助战。

接着，我们打起了华北联合大学的旗帜，浩浩荡荡地沿滹沱河前进，一路上队伍充满了胜利的喜悦，又开始了纵情的歌唱："风在吼，马在叫……万山丛中，抗日英雄真不少，青纱帐里，游击健儿逞英豪！……""看吧，千山万壑，铜壁铁墙，抗日的烽火，燃烧在太行山上！……"

到了平山县西部的秘家会村，第四军分区又送来了许多慰劳的猪羊肉、白面、大葱。于是，在秘家会村又休息一天，举行会餐：大葱烙饼，炖羊肉，红烧猪肉。大家尽情吃个饱。

我们沿着奔流的滹沱河，经过平山县的东黄泥村、洪子店，到郭苏村，折而向北，顺着会口川，翻过两界峰，到了灵寿县境。一路上，阔叶的柿子树结满了橙黄色的肥大的柿子，枣树上满是累累的青红枣，花椒树上红珍珠般的花椒飘散着芳香。村庄一律是雪白的平顶房子，显得整齐而清洁。村口站着拿着红缨枪的儿童团员。群众衣服整洁，彬彬有礼。入晚无论住到哪家，各家房东都非常热情地欢迎我们。妇女们穿着

战火中的大学
从陕北公学到人民大学的回顾

★ 华北联合大学校旗

　　花夹袄，秀丽而大方。村长、村农会，接待我们都很周到。群众觉悟很高，谈起来都很懂得抗日、民主、军民一家的道理，甚至懂得毛主席《论持久战》的观点。一切都显出乐观而有信心，宁静而有秩序。啊，晋察冀，真不愧是模范的抗日民主根据地！物产丰富，秩序良好，群众有组织、有文化教养，都远远出乎我们的想象。有的小学教员，家里竟有不少的藏书呢！

　　九月二十五日至三十日，贺龙同志率一二〇师主力会同聂荣臻同志所率的晋察冀军区部队，经过六天五夜战斗，围歼进犯之敌两千人于陈庄，大获全胜。我们联大到达，正赶上战争结尾，打扫战场，庆祝胜利。我们连夜赶到陈庄附近，以壮战斗声威。贺龙同志站在路旁的一个高土坎上，亲切地检阅了我们的全部队伍，他笑眯眯地拿着烟斗，不住地向我们每个从他身旁走过的战士招手表示欢迎和鼓励。战斗胜利结束，敌人没敢增兵反扑。贺龙同志邀我住到他的司令部里，一同抵足而眠。他很健谈，海阔天空地谈到各方面的问题，直到深夜。他向我要一些球队队员和文艺人员，我都答应了他，并约好第二天联大球队同一二〇师球队比赛几场篮球。果然，第二天他兴致勃勃地看篮球比赛，还亲自当一二〇师球队的指导，比赛休息或暂停时，他召集他那一边的球员，指手画脚地指导战略战术。我看了他那样儿，真想笑，原来这位大将军，在球场上竟像个大孩子，对打球是如此认真而熟悉。他向我要了好几名篮球运动员去。后来，他听说联大有一个著名的排球运动员叫刘仕俊，可是联大的队伍已经走了，他后悔没有要排球运动员。

在陈庄西边牛庄、女庄的大沙滩上，搭起舞台，召开了庆祝陈庄战斗胜利，欢迎联大、抗大胜利到达的祝捷和欢迎大会。（后来，抗大仍

★ 华北联合大学校刊《联大生活》
——学习、战斗的记载

第二章　华北联合大学（抗日战争时期）

由罗瑞卿同志带领继续南下。他们的目标是越正太路而到晋东南太行山区。）大会一连开了三四天。贺龙同志、聂荣臻同志都在大会上讲了话，中共中央北方分局书记彭真同志作了国际国内形势的报告。华北联合大学文工团和在晋察冀边区的西北战地服务团（简称"西战团"）演出了精彩的剧目。这是盛大的万人大会。汽灯通明，第一夜剧目演了将近一夜，不知东方之既白。

随后，华北联合大学的队伍从灵寿县北行，到达阜平县的城南庄。城南庄位于大沙河和胭脂河的汇流处，是一个大镇子，地形开阔，树木茂密，风景秀美。每隔三五日有很红火的农村集市贸易。这里是中共中央北方分局和晋察冀军区所在地。联大到达，校部住在附近的易家庄，社会科学部住在栗元庄，文艺部、青年部、工人部住在花山和花沟口村，卫生处住在瓦渣地村。

中央原定华北联合大学也是到晋东南的，但是到了晋察冀边区后，彭真、聂荣臻等同志向中央要求把联大留在晋察冀边区。他们的理由是：第一，晋察冀边区包括北岳区、冀中区、冀东区、平西区、平北区，地域很大，广大当地干部、知识分子亟须培训，要求华北联合大学为边区培训干部，并输送一部分延安来的干部给边区。第二，晋察冀边区靠近平、津、保、石等大中城市，可以通过城市地下党，动员出许多城市学生来培训，使招生有充足来源。第三，联大的队伍，女同志多，体质较文弱的文化工作者多，不宜再长途行军冲过正太路封锁线去晋东南。

中央复电同意。这样，我们原定在娘子关附近过正太线南下的计划改变了。中央决定让我也担任中共中央北方分局委员。经北方分局开会，决定华北联合大学就在城南庄一带建校，北方分局和军区机关则搬到恒山脚下较贫瘠的台峪、井儿沟一带去。

这时，北方分局开扩大会议，来了许多负责干部，一分区杨成武同志，二分区郭天民、赵尔陆同志，三分区王平同志，四分区王昭、刘道

★ 成仿吾校长在讲课

生同志等，都向我们要了一部分文艺工作者和教育工作者去。

十月中旬，晋察冀军区给我们华北联合大学全体师生每人发了一套全新的黄绿色的八路军军装，一套白布衬衫、衬裤，一条军用棉被（因为过路时，为了轻装，大家都只背了夹被）。大家在清澈宽阔的胭脂河里洗澡、洗衣服，换了新军装。队伍显得格外整齐，神采飞扬。我们就抓紧在这大沙河、胭脂河三角洲的丛林村庄中建校开课。我写了《华北联合大学校歌》歌词，吕骥同志很快谱了曲。歌词叙述了我校的战斗经历和战斗任务：

跨过祖国的万水千山，突破敌人一层层的封锁线，民族的儿女们，联合起来！到敌后方开展国防教育。为了坚持华北的抗战，同志们，我们团结，我们前进，我们刻苦，我们坚定，国土要收复，人民要自由，新社会的创造，要我们担任。努力学习革命的理论，培养我们革命的品质，我们誓死绝不妥协投降，战斗啊，胜利就在明日！

第二章 华北联合大学（抗日战争时期）

　　这个歌声回荡在胭脂河、大沙河畔。随着华北联合大学的扩展，伴着华北联合大学师生的足迹，它传遍了晋察冀的山山水水。

　　这时，李公朴先生带一个敌后教育考察团，住在胭脂河对岸只有两三户人家的树荫环抱的一个小村庄里。我过河去看他。在敌后相见，我们感到格外高兴和亲切。他说，华北联合大学是在敌后办起的第一所高等学府，这是历史上从来没有过的，是英雄的事业，是插在敌人心脏上的一把剑。

七、在敌后开学和第一次参加反"扫荡"战斗

　　一九三九年十月中旬，我们就以战斗的作风，抓紧在敌后开学。

　　华北联合大学第一期学生，还是从延安、栒邑、安吴堡经过三千里行军抵达敌后的学生，他们一般都是二十岁上下。社会科学部设第一队、第二队，由该部部长江隆基讲授"世界革命史"，副部长何干之讲授"中国革命运动史"；校副教务长李凡夫讲授"政治经济学"；教务科科长郁纪讲授"哲学"。在延安出发时，调来了马列学院和中央组织部训练班的几位研究生，到联大成为担任社会科学课程的青年教员，有杨伯箴、宋士达（宋振庭）、赵宗亚（赵聪）、李光灿、王文克、郁纪、叶一峰等，他们到敌后参加了教学工作。文艺部仍设四个系，由文学系系主任何洛讲授"文学概论"；戏剧系系主任崔嵬和教员胡苏、韩塞、牧虹讲授"编剧""导演、表演技巧课"，沙可夫同志讲授"戏剧概论"；音乐系主任吕骥（兼该部副部长）和教员卢肃讲授"音乐概论"；美

术系系主任沃渣和教员丁里讲授"美术概论""木刻宣传画创作法"。还有相应的创作练习、表演、导演练习、声乐练习、器乐练习、作曲练习、素描、写生练习等课程。青年部、工人部由张克让、张淮三、张立之、黄亮等讲授"青年运动""工人运动",并由宋士达等讲授"社会科学概论"。

华北联合大学全校上军事课,由张西帆、赵显正、潘青平等教员讲授"军事知识""游击战术"。军事课还进行制式教练,一直学到连教练,要求学员能指挥一个连。学校经常举行军事演习,各连队要求一分钟能紧急集合,十分钟能把分散住在老乡家的同学都集合到预先指定的集合场(打麦场)。晚间演习集合时,要求不用灯火,没有响声,摸黑迅速地打好背包、做完一切应做的事情。

华北联合大学的作风是军事化的。平时作息时间,起床、集合、熄灯,都是听清脆的军号声。我们对早操抓得很紧,要求严格,每天拂晓就吹起床号、集合号,进行跑步训练,学校领导干部也常参加跑步。平时师生都要练习瞄准、实弹射击和扔手榴弹。我们在陕北公学时,就提出了"战斗地学习"的口号,到了敌后战场,更不能忘记我们是处在敌人随时可以进攻的情况下来办大学的。我校校址,常常距离敌人据点三四十里,所以我们要把平时和战时相结合,既不惊慌失措,又要经常保持动作敏捷、雷厉风行,这就叫"战斗地学习"。这时,党中央发布了《关于巩固党的决定》,要求加强对党员的教育,提高共产主义的觉悟。因此,华北联合大学党委对党员开设了党课,叫"共产主义与共产党",由党委书记申力生,党委组织科科长吕光、副科长郭北辰(郭伯诚),政治部宣传科科长陈瑯环、党委秘书陈英等同志担任教员。由于华北联合大学师生许多是党员,所以各部、各总支负责干部如张淮三、张克让、霍遇吾、佘涤清等同志都讲党课。

校部、各部、各队,都设立了图书室。我们的马列主义书籍,大部分是靠同志们长途行军通过封锁线背过来的。过封锁线时，同志们为了轻装，把许多日用品都扔掉了，夹被、背包里却背过来一本或两本马列主义的书籍。一部分书籍则是装了书箱，由运输队牲口驮过来的。马列书籍在前方是珍贵极了。后来，由于华北联合大学扩大，我们又请晋察冀边区印刷厂翻印了不少书。我们还派人四处到民间征集和收购书籍。居然收集到《史记》《通鉴辑览》《通鉴纪事本末》等许多线装书，以及商务印书馆、中华书局、开明书店、生活书店出版的许多平装书，包括"大学丛书""万有文库"等。图书室也蔚然可观了。校部有一部电台，由王宁、韩雪、易启文等每日收录国内外电讯，编印出来。

　　教务部设有一个油印科，科长汪金波，成员有张静轩、郑平等同志。他们刻印读物，又快又精美，这些同志也真堪称是"油印博士"了。我们办了个校刊，那时叫《文化纵队》，转载中央文件、重要社论，登载指导性的文章和学校动态，这个校刊十六开，用雪白的油光纸精印，封面套红，发到晋察冀边区各机关，大家都赞叹不已。油印科刻印了大量的本校自编的教材。

★ 华北联合大学学员在复习功课

我们的教育方针、教育目的很明确：

第一，为革命实际斗争需要而培养革命干部。我们培养干部，是为解放区战场的抗日战争服务，为建设边区的政治、经济、文化、教育事业服务，为发展边区的生产服务。我们反对教育独立于政治之外，独立于社会生活之外。资产阶级的教育理论标榜"为教育而教育"，不讲教育目的和方针，以为教育可以同政治、同社会生活没有关系。实际上，这是不可能的。旧中国的大学、中学的学生，不是向左接受革命的影响，就是向右为半殖民地半封建社会服务，其中多数逐渐觉悟起来，走上爱国的道路，少数则堕落成为反动派。

第二，注意理论同实际相结合。我们的理论教育，密切联系抗战形势，联系边区的各项基本政策，我们的教育内容与根据地斗争的需要息息相关。我们的干部和同学经常参加边区的实际斗争和进行调查研究。理论紧密联系实际，是我们联大的优良传统。

第三，贯彻少而精和通俗化的原则。由于我们在敌后战场办学，学习期限不能太长；又由于后来入学的大量地方干部，例如县政府的秘书，各科科长，党的县委、区委干部，各级政工、教育、文艺干部，都带有轮训的性质，所以教学内容必须少而精、通俗生动，使他们在短期内有所提高，日有进步。

总之，我们注意培养出来的学生能掌握马列主义的基本立场、观点和方法，懂得党和毛主席制定的许多方针、政策，能够解决斗争中的实际问题，能扎根群众之中，成为革命斗争中的骨干力量，而不是"死读书"。我们校歌歌词中说的，为了坚持华北的抗战，为了收复国土，为了人民的自由，为了创造新社会，而"努力学习革命的理论，培养我们革命的品质"，这就说明了我们战斗化的办学宗旨。因此，学生在联大，学习的时间虽短，收获却很大，这就是在敌人心脏中办学校、培养革命干部的特点。

战火中的大学

从陕北公学到人民大学的回顾

★ 华北联合大学学员刻苦学习

我们的校风是团结、前进、刻苦、坚定。

我们在敌后建校，是没有教室的。上课多数是在老乡的打麦场上或其他空场地，或者河滩上、树林里、山坡上；课代表把一块小黑板挂在树上，教师站着就讲。学生则是以背包为凳子，膝盖上放一个硬书夹或小木板为桌子，席地而坐，聚精会神地听讲，勤奋地记笔记。学习方法是自学为主，一般是上午上课，下午自学和展开生动活泼的讨论。

华北联合大学很注重文娱体育活动。早上跑步后，在河边洗了脸，就教唱新歌。吕骥、卢肃、王莘、牧虹等经常谱作新歌。清早、傍晚，歌咏之声不绝于耳。各队的俱乐部也很活跃，经常排演剧目，组织篮、排球比赛。敌后条件虽然艰苦，但是大家生活很活跃，精神很愉快！

华北联合大学供给处处长鲍建章等同志工作比较有经验。那些年，由于边区粮食困难，我们多年都是一天两顿饭，夏天日长，中午加一顿稀饭。刚到边区时，由于同学们自己做饭，不会做馒头，也不会做窝窝头，每天吃两顿白面糊糊或玉米面糊糊。后来招来一批炊事员，利用边区盛产杂豆，做小米红豆饭、发糕、玉米豆面窝窝头，就香甜可口了。每人每天三钱油、三钱盐，吃萝卜、茄子、豇豆、白菜等蔬菜，利用边区盛产花椒，尽量炒得香些。那时的生产劳动，主要是自己种菜、养猪，以补助伙食。以后各队都做到了每月或每两周能宰一口肥猪，会餐一次。平时虽然吃的都是粗粮、素菜，但大家都还是长得很健壮，尤其是女同志，都是红红胖胖的。

华北联合大学卫生处处长范实斋、医务主任马丁和潘建平、金才、董楚等五位从延安一起行军过来的男女医生，都有一定的医学素养，还有孙乃、李剑贞、王斯若、吴坚、欧逢冰、杨远等六位从城市护士学校毕业的护士，还有初中学生以及五六位延安带过来的小卫生员，她们小的只有十四五岁，大的也不过十八九岁，经过范实斋、马丁等授课培训，后来护士都培养成了医生，卫生员则培养成了护士。他们在长途行军中，做了大量的医疗工作，甚至给群众看病，比一般同志要辛苦得多。到敌后，卫生处又吸收了些医生、护士，华北联合大学校医院和各部卫生所都较健全。到城南庄建校后，对全体人员进行了体格检查，病号住进校医院，大大减少了疾病现象。

上课一个多月后，十一月七日，在城南庄的四围山色中的大打麦场上，举行了盛大的华北联合大学开学典礼。参加大会的除了华北联合大学全体师生外，还有晋察冀边区政府和党的领导同志，以及从大后方来的李公朴先生带领的一个十来个人的考察团。加上驻村的干部和群众，热闹非凡。我致开幕词后，几位领导同志和李公朴先生致贺词，祝贺和希望华北联合大学办成晋察冀模范抗日民主根据地中模范的最高学府。

讲话后，演出文艺节目，第一个节目是牧虹等演出的《生产大合唱》，这时，雪花纷纷飘落下来。忽然，从东方传来了隐隐的炮声，雪越下越大，但观众的情绪却始终不懈。节目演完后，我们接到军区的紧急通知：敌人的冬季"扫荡"开始，向阜平方向进犯，这次敌人"扫荡"的中心，是北岳区东部的第一、第三军分区，而边区西南部第二、第四军分区周围之敌未见增兵。所以军区命令华北联合大学的队伍向西南方向的平山、五台一带转移，并要求我们第二天上午就出发。

我们华北联合大学师生自建校上课以来丝毫没有松懈战斗准备，师生们每个人的全部用品——背包、挂包、干粮袋……都是在身旁时刻准备着的。

第二天上午，师生们在住村集合，辞别了老乡，背着背包，向西南方向进发。队伍踏过胭脂河上的薄冰，到灵寿县境，顺着一条山沟西行，向灵寿、平山与五台交界的大山——漫山进发。阜平县虽属第三军分区，但它是晋察冀边区的中心地区，敌人在边区东侧平汉铁路沿线骚扰，距离尚远；西南方向更较平静，我们就提出了"背起背包行军，放下背包上课"的口号，所以每天白天行军休息时，就集结隐蔽在树林里上课。社会科学部讲"哲学"；文艺部讲"音乐概论"和"戏剧概论"；工人部和青年部讲"中国近代革命运动史"。就这样在敌后开始了边行军边学习的战斗学习生活。

走了三天，雪越积越厚，山越上越高，第三天傍晚，队伍到了五台山脉的漫山。这座大山是灵寿县与五台县的交界处，漫山的山岭是东西向的一个高寒的大风口。那晚刺骨的寒风，夹着积雪，呼呼地怒吼着从山岭的风口猛烈地刮来，队伍里有好些同志被狂风刮得站不住脚。有位同志被刮到路旁冰沟里，拉上来冻成了"冰棍"，好容易拖拉过了山岭，到一个暖和的屋子里才慢慢暖过来，但成了"冻号"。这次过漫山，出现了不少冻伤耳、鼻、脸、手、脚的"冻号"。

越过漫山后，华北联合大学校部决定，华北联合大学师生组成第四军分区和第二军分区两个参战实习总队。分散到各县、各区、各村，编

★ 华北联合大学负责人在平山（自左至右：何干之、江隆基、成仿吾、沙可夫）

★ 华北联合大学学员行军途中

★ 一九三九年冬，华北联合大学师生，跨过祖国的万水千山，突破敌人层层封锁线，挺进敌后，进入晋察冀边区。此为联大负责同志合影于河北平山（左起：李凡夫、申力生、朱改、何干之、成仿吾、江隆基、吕骥）

成参战实习队、小队和组。第四军分区总队师生，分散在平山、井陉、平定等县、区、村中；第二军分区总队师生，分散在五台、盂县、崞县、定襄、忻县等县的县、区、村中，参加地方工作，进行农村调查。女同学郭平等还曾到五台河边村参加当地游击队破坏敌人铁路。校部按北方分局指示，随第四军分区司令部一起行动，到了滹沱河南岸平定一带。主力部队出击正太铁路之敌，以策应第一、第三军分区的反"扫荡"战斗，调动敌人。我们靠近正太路敌人交通线，反倒很安全，因为敌人兵力抽调到平汉线去进攻了，正太线很空虚。可见敌人兵力不足，以少兵临大国，徒显其捉襟见肘了。

在这次反"扫荡"期间，为了加强对敌斗争，扩大部队保卫边区，边区发动了参加子弟兵运动。各县掀起了扩军、参军热潮，华北联合大学师生就参加了扩军工作。曾文经等同学在五台县阳白村一带，动员了一大批青年参军。

吕骥同志为了配合参军运动，在一九三九年十二月创作了一部小型歌剧《参加八路军》（崔嵬作剧）。音乐系青年学生张达观，吸收民歌旋律，创作了歌曲《军队和老百姓》，流传在全边区演唱，紧密配合了参军运动。

此次冬季反"扫荡"，敌人抽调两万余兵力进犯我边区东北部的第一、第三军分区。十一月间，第一军分区杨成武部全歼敌军北路总指挥阿部中将及其部下五百余人于涞源县黄土岭。日本报纸大字标题为《名将之花凋谢在太行山上》，语气十分沮丧。在战场上击毙敌军中将，这是抗战以来的创举。此次反"扫荡"，毙敌四千余人，到十二月中旬结束。我校也于一九四〇年一月间奉令集合返校复课。

八、晋察冀边区的最高学府

一九四〇年一月，北方分局和聂荣臻司令员通知我们把华北联合大学校址搬到未经敌人破坏过的比较富裕的平山县元坊村一带，并让联大派招生组到冀中、冀东，到平西区及北岳区各分区普遍招生，使联大真正成为全晋察冀边区的最高学府。

元坊村一带，是一条风景秀美的比较宽阔的山沟。山沟两边有不高的群山环抱，绿树成荫，到处是淙淙的流水。山沟中间是肥沃的麦田、菜畦。一条清溪在中间流过。靠山傍水的村庄，整齐清洁，村边还有利用水力的碾坊、水碓。校部设在元坊村。文艺部、社会科学部设在土岸、西坪等村，青年部、工人部、供给处、卫生处设在石板村和东、西白面红等村，距校部都不过几里路。

从一九四〇年一月到十一月，以平山县为中心的第四军分区，局势非常安定。虽然敌人占着平山县城，离华北联合大学也不过几十里，但有第四军分区两个主力团监视，敌人不敢出动。

华北联合大学从一月份就开始了有秩序的教学活动。这时在校的，除了从延安来的第一期学生外，在城南庄时，开始有新入学的同学，文艺部曾招收了冀中新世纪剧社（由社长梁斌带队）和北岳第二军分区的大众剧社，全部来到联大学习。此外，边区总工会、青救会、冀中、冀东也曾送来部分学生，成为第二期。二月份，根据北方分局指示，为了招收全边区大量青年干部入学（当时党中央发出了《关于大量吸收知识分子的决定》），要求第一、二期同学于二月底毕业离校；新招收的第三期同学于三月份入学，四月一日正式开课。

第一期同学，从延安过来，经过艰苦的锻炼，受过较系统的马列主义教育，一般都有较高的文化素养，这一千多名同学毕业分配时，边区各党、政、军、文教部门抢着来要，使我们深深感到干部实在是革命的宝贵财富，感到培养干部和人才的重要。我们为边区的抗战建国学院、边区群众干部学校和边区各中学，配备了成套的干部。其他许多同学也被分配到边区党、政、军、文教机关，成为骨干力量。这批"三八式"同学，在新中国成立以后，一般都是司局长以上的领导干部了。第二期同学，原则上是回原单位。

为了本校发展的需要，我们从第一期同学中也留下了二三百名干部，一部分培养成为教师，一部分充实本校的教务和党、政、后勤部门。从一月份开始，就抽调了几十名学员中的党员干部，办了个干部队；二月份抽调干部队的一半人员，成立校部政治研究室，其余一半人员充实了校部的党、政、教务部门。各部也设立了自己的研究室。如社会科学部设立了财政经济、法政、教育三个研究室，文艺部设立了文学、戏剧、音乐、美术四个研究室。校部直属的，除政治研究室外，还有一个边区小学课本编辑室，由张腾霄、张岱、郭汉城、李成瑞、王向升、王焕勋等编写了一整套的边区小学课本，由我审定。学校除办了校刊《文化纵队》外，又办了个杂志，叫《五十年代》。又派程力群、韦冀飞（韦冀飞同志于一九四一年日寇秋季"扫荡"时在冀中壮烈牺牲）等招生组人员，到冀中等区招生。

三月初，第三期同学就大量涌到。文艺部招收了冀中火线剧社（陈乔带队）、平西挺进剧社、平山铁血剧社三个剧社的全体同志，以及马本斋同志领导的回民支队剧社的部分同志。同时，从北平、天津、济南等城市来了首批由城市地下党组织介绍来入学的学生，如安若、李慎、刘珙、仲伟、宋捷、孟堤、管林等。他们多数是文艺爱好者，就编入了文艺部。经过文艺部短期培养成为教员的，有陈乔、杨沫、张青季、王丹、张自深、葛文、司仃、姚中、张达观、王莘、李又华、辛莽、秦兆阳、钟惦棐、炎羽、杜芬、吴劳、戴林等。

边区总工会系统和边区青救会系统，都送来了一批干部，分别编入工人部和青年部为学员。

其他由边区政府和各机关送来入学的政治、财经等方面干部，则编入了社会科学部。同时，成立了师范部，培训边区的中、小学教师。

由于大量招收来的新学员中有相当数量的女同学，华北联合大学党委决定成立"中共华北联大妇女工作委员会"，由三人组成，张琳为妇委主任，佘崇一为组织委员，倪淑英（一九四三年反"扫荡"中光荣牺牲）为宣传委员（后由李毅同志接任）。党委决定各部（院）的总支和各队的支部，都设妇女委员，校卫生处因女同志较多，还设了女协理员。妇委的任务是协助党委对女同志进行政治思想工作，选拔女干部特别是女教员、女研究员，关心妇女身体健康和生理特点（如供应消毒纸，治好长途行军、涉水后引起的妇女病）。

妇委在一九四〇年三八节成立。规定每年纪念三八节，选举模范妇女，举行座谈会，组织全校女同志的文娱体育比赛。这年三八节，就选举了杨展、郭平等为模范妇女；由从敌占区平、津出来的女学生安若、李慎、石梅等演出了话剧《在铁蹄下》，描写在日寇占领城市中的妇女的斗争。还极为热烈地举行了全校女同志的拔河比赛。又派出郭平等做驻村的妇女工作，开办妇女识字班，宣传男女平等、婚姻自由。全校女同志都唱起了《三八妇女节歌》（塞克作词）："冰河在春天里解冻，万物在春天里复生，全世界被压迫的妇女，在'三八'喊出了自由的吼声！……"

117

★ 三八妇女节华北联合大学邀请农村妇女作报告

在妇委的组织领导下，联大的妇女、儿童工作做得很出色。推动了模范妇女运动，选拔和培养了一批女艺术家，如岳慎、张铮、仲伟等；培养了一批女教师，如张藻楠、王剑清、王若君、赵洵等；培养了一批女政治工作者，如杨展、刘玉芬、佘崇一、金岚、何振东、徐伟立等。特别是出现了一批永远值得我们纪念的英勇的女烈士：杨展、刘玉芬、倪淑英、张明、姜祥征……以及最小的儿童演员十一岁的女孩陈云烈士。

华北联合大学妇委的工作，也影响和推动了晋察冀边区的妇女工作。许多地区都开展了纪念三八节选举模范妇女的运动，开展了注意选拔和培养女干部的工作——选举女村长、女区长、女县长、女参议员等等。华北联合大学学生涌现的边区女参议员，有何力平、刘毅等。

华北联合大学新入学的第三期同学，于四月一日正式开课。学制延长到半年一期。

全校普遍开设了政治理论课："社会发展史"（马列主义原理）、"政治经济学"、"哲学"、"中国近代革命史"。教学任务由校部直属的政治研究室承担，本校自己培养的一批青年政治理论教师开始任课，有汪志天（项子明）、刘克明、师唯三、何戊双、明吉顺、张伯英、李滔、汪士汉、胡华、赵东黎、刘仕俊、陈汉光等。

华北联合大学一贯重视全校普遍开设政治理论课，给学生以社会发展规律的科学观念，使学生树立共产主义社会必然实现的信心，懂得马列主义的基本原理，并通过革命历史，了解只有共产党的领导，才能创立新中国。

后来，又增设了"群众运动"和"基本政策"两门课，使学生掌握政策和懂得做群众工作。在有些队和干部学习中，开设了日语、俄语、英语等外国语课程（至今中国人民大学档案室还保存一本当年毛主席著作《论联合政府》的最早英文译文，张西帆同志捐献）。

政治形势教育，由校长负责，经常在全校范围内作分析国际国内政治形势的报告。

我们的教育，同生产劳动、革命实践斗争，一直都是紧密地结合在一起的。

我们经常帮助住村老乡们送粪、修水渠、割麦子。各队都自己种菜（白菜、蔓菁、菠菜等）、喂猪，还到大山上去开荒种萝卜、土豆，到一二十里外的粮站去背粮。

二月间，卢肃同志为了配合边区大生产运动的开展，创作了一部大合唱——《春耕大合唱》。

三月间，为配合晋察冀边区第一次民主普选，我校派出许多小分队，到各区、村，帮助登记选民，向群众宣讲民主普选的意义，行使民主普选的程序，等等。为了配合民主普选，吕骥同志创作了《民主政权歌》，卢肃写了《选举歌》，王莘写了《选村长》和《晋察冀》歌。四月，卢肃又谱了《华北人民进行曲》（李又华词）。这些歌在群众中普遍流传歌唱，有力地配合了普选运动。

一九四〇年四、五月间，文艺部的少年儿童队（爱称"小鬼队"）在土岸村演出了《晋察冀儿童大合唱》，由张琳、姚中（姚远方）等作词，王莘、田涯、张达观等作曲，张达观指挥。其中《小小叶儿哗啦啦》《儿童四季歌》等歌曲，在晋察冀边区的少年儿童中普遍传唱，流行一时。你无论走到晋察冀的哪个村庄，都可以听见少年儿童们在唱着："小小的叶儿哗啦啦啦啦，儿童好像一朵花，生在边区地方好，唱歌跳舞笑哈哈……""春天里，春风吹，花开草长蝴蝶飞。村子里，哨子吹，儿童团要开大会……村口里，山坡上，站岗放哨有儿童团……"一九四〇年夏，少年儿童队毕业，留下了一部分儿童演员，成立联大儿童剧团（由姚中任团长），参加联大的文艺工作团。联大文工团第一任团长是黄天同志，不久，他调去冀东区工作（后英勇牺牲）。文工团由丁里同志任团长，吕梁、郭念春（戈华）同志先后任指导员。

六月间，联大又派出小分队，参加了晋察冀边区志愿义务兵役制的宣传。文艺部创作了歌剧《拴不住》，描写婆婆要新媳妇拴住儿子参军的心，而新媳妇反而支持自己的丈夫参军。为了鼓舞群众斗志，联大文工团演出了高尔基的《母亲》，吕骥同志创作了该剧的插曲。"全世界的工人兄弟，团结联合一条心，为着光明的新社会，快把斗争来展开！"（《生活像泥河一样的流》）

八月，华北联合大学第三期同学毕业。中央来电准备召开党的第七次全国代表大会，联大党委召开全体党员大会，选出我、申力生为出席七大的正式代表，蒲运明为候补代表。因联大正在兴办，我一时离不开，经中央同意，申力生、蒲运明两同志回延安去参加七大（后，七大延期），吕骥同志也奉调回延安。

★ 话剧《母亲》

八、九月间，第四期新生入学。由于边区根据地的不断壮大和发展，新生像潮水般涌来，华北联合大学也随着扩大了。元坊一带村庄，已容纳不下日益增多的新生，北方分局决定华北联合大学搬到滹沱河畔的李家沟口村一带。原住在这里的平山县政府、县委会和群众团体，把房子让给了我们。

原来，国民党反动派发动了第一次反共高潮后，一九四〇年春，在晋东南的反共顽固军石友三、朱怀冰等部进犯我根据地。我晋察冀军区有几个主力团南下配合我晋东南八路军反击石友三、朱怀冰部，大获全胜，缴获甚多。这几个团返回晋察冀时，又顺势拔除了正太路沿线的一些日伪军据点，五月间收复了平山县的敌占据点——温塘，因此，滹沱河沿岸成为更巩固的中心区了。

八月间，华北联合大学校部搬到李家沟口村。文艺部住下槐村，社会科学部住柏岭村（皆在滹沱河北岸）。师范部住上、下西峪村。供给处与文工团住李家沟，卫生处则设在紧挨校部的留命沟村。

滹沱河在这一带有二三百米宽，水面比较平稳，水量较大，日夜静静地向东流去。两岸有宽阔的农田，土地肥沃，沟渠如网，杨柳成行。这一带都是几百家成千家的大村庄，背山面水，古树郁葱，风景更觉秀丽，环

战火中的大学
从陕北公学到人民大学的回顾

★ 华北联合大学举行中国共产党
成立十九周年、抗日战争三周年、
联大成立周年大会

★ 成仿吾在华北联合大学中国共
产党成立十九周年、抗日战争三周
年、联大成立周年大会上讲话

境更为开阔。从东黄泥村过河，有一个很大的集镇，叫洪子店，集市贸
易很繁荣。从西黄泥村翻过山梁，就是解放战争期间毛主席、周总理指
挥三大战役的西柏坡村了。第四期新同学就在这幽美而安定的环境中勤
奋地学习。早上在大河边跑步，练嗓子；傍晚在大河边散步，歌唱，看
村民们网鱼。雄伟壮阔奔流不息的滹沱河，成了华北联合大学的象征。

一九四〇年十月，根据北方分局的指示，华北联合大学提出向正规
化方向发展，将各部改为学院。社会科学院设立了财经、法政两系及一
个少数民族回民队，还成立了一个为本校培养干部的预科队。预科队的

前身是从第三期毕业同学中留下的一部分程度较高的学生和联大原有一部分党政干部组成的高级队，办了两个月，改为预科队。文艺学院仍设文学、戏剧、音乐、美术四个系，还有个华北联合大学文工团。师范部改为教育学院，设立教育系及中学班。工人部改为工学院，下设两个班，学员都是城市来的工人。

一九四〇年秋冬，在百团大战中八路军声威大震。我晋察冀军区的几个主力团这时集中在娘子关、平定、井陉一线，破击正太线敌伪据点。十二月，石家庄之敌为解救井陉、娘子关据点的困境，增兵平山城，企图窜扰我军后方。联大为避免敌人骚扰，暂时转移到晋东北的第二军分区盂县、五台一带，参加扩军运动，宣传百团大战的胜利。另一部分则仍与第四军分区司令部熊伯涛、刘道生、王昭等同志一起，在平定一带活动。

九、华北联合大学的扩展

一九四〇年十二月，在百团大战的第三阶段，华北联合大学师生分散到平定、盂县、五台一带参战实习一个月，从事扩军运动、文艺宣传，以至参加破击战，于十二月底胜利返校。

经过百团大战破击敌人交通线、拔除敌伪据点，华北抗日根据地扩大了，八路军数量也有了增长。晋察冀边区的游击区，一直扩展到正太线、平汉线、同蒲线的沿线，我们联大的好几名毕业同学，当上了阳曲县等县游击区的县长，平山、盂县的滹沱河两岸，成了比较巩固安定的中心区。平汉线上，敌人只能控制白天，晚上就是我们的天下，冀中区和冀西区（北岳区）来回过平汉线比较方便。

由于根据地大大扩展，对干部的需求也更为迫切，一九四一年二月，华北联合大学第四期同学毕业，分配工作。同时，北方分局和边区政府决定，华北联大扩大规模、扩大招生，为全边区培养大量干部，除北岳区外，还扩大招收冀中区、平西区、冀东区的干部，特别是冀中区的干部。冀中平原，人口稠密，人民的文化程度较高，干部众多，亟须培训，黄敬、吕正操等同志领导的冀中区党委送了大量干部、学生，到华北联合大学来学习。北方分局和边区政府决定，把原属边区政府的抗战建国学院与联大社会科学院合并，改编为联大法政学院，把原属边区群众团体的群众干部学校，改编为联大群众工作部。随后，又设立了联大中学部。

从一九四一年三月起，华北联合大学设有法政、教育、文艺三个学院，群工部、中学部两个部。到一九四一年夏，全校教工和第五期学员达到四千余人。

华北联合大学法政学院设在灵寿县的牛庄、女庄，靠近晋察冀边区政府。院长郭任之是一位长期做统战工作的老党员，总支书记佘涤清。设有秘书队（培训县政府秘书），民政一队、二队，财政队，司法队，实业（工商管理）队，粮食队等七个队，学员七百余人。边区政府的负责人宋劭文、邵式平、胡仁奎、王斐然等亲来授课，培养县一级各科的科长、科员。

华北联合大学群众工作部主任为陈鹤，设有工、农、妇、青四个队，培养县、区级群众团体的负责干部，住地在平山郭苏村以北的李家庄、苏家庄一带。

华北联合大学中学部设有初中班和高中班，是抽调学员中年龄较小，具有初、高中文化水平的，或平、津等城市出来的学生，作较长时间和较正规的科学文化培养，设有英文、日文、俄文、国文、历史、地理、数学、物理、化学、生物等课程。中学部主任为何干之，设在平山瓢里村。

校部和文艺、教育等学院，仍在滹沱河沿岸的李家沟口、下槐、柏岭等村。

一九四一年五月，召开了华北联合大学第一次党代表大会。晋察冀中央局（这时北方分局改为晋察冀中央局）书记聂荣臻同志出席开幕式，讲了话。选举我为党委书记（自申力生同志去延安后，我为华北联合大学党团书记兼代党委书记）。

这时，发生了两个争论。一个争论是关于民族解放和社会解放问题，我认为两个口号都要提，两者是相辅相成的，如果没有民主运动、民生运动（减租减息，改善人民生活），亦即社会解放运动，那么，民族解放也达不到，抗日也不能胜利。当时，有的同志认为提民族解放口号就够了，一切为了抗日，抗日高于一切，提社会解放是"名堂太多""口号太多"。当时，中央局支持了我的意见。一九四四年初，我回延安时，大家说，这个争论在延安早就解决了。

另一个争论，就是当时法政学院有一个干部闹独立性，认为校党委对各学院加强领导也是"名堂太多"，他的这种观点受到了大会和中央局领导的一致批评。

这一时期，边区实行统一累进税，实施边区施政纲领，我校在住村十几个村庄中参加了试点工作。教育学院院长李凡夫同志和中学部主任何干之同志都曾带了小分队，做一个村庄一家一户的详细调查，研究统一累进税和边区各项政策实施中的问题，向中央局报告。

七月一日和七月七日，这两个伟大的纪念日来到了。党中央和晋察冀中央局指示要隆重纪念党的诞生二十周年和抗战四周年，鼓舞斗志，提高党的威望。我们组织了一个纪念周，整个联大像滹沱河水一样欢腾起来，干部和学生代表集中到了校部李家沟口一带。文艺学院戏剧系和联大文工团合作演出苏联著名话剧《带枪的人》，文工团儿童剧团演出了《晋察冀儿童大合唱》，军区抗敌剧社和西北战地服务团也参加演出了《巨流与小溪》等剧目，还把边区民间舞蹈《霸王鞭》加以提炼提高，搬上舞台，由田华等一些十来岁的女孩演出。这是华北联合大学成立以来最盛大最精彩的晚会了。军区许多首长都来观看。当《带枪的人》演完时，天已大亮，红日喷薄而出，群众欢唱而散。

十、一九四一年秋季反"扫荡"的浴血苦战

一九四一年八月，日寇集中兵力，进攻我晋察冀边区北线，企图把我军主力围歼于长城两侧。我主力适时地转移到敌占区攻击敌人后方，调动敌人，待机歼敌。留少数部队在内线结合民兵游击队困扰敌人。

九月，敌伪抽调七万兵力，集中于保定以南至石家庄、正太线。然后采用"牛刀子"战术，突然长途奔袭，深入攻击我边区中心腹地的阜平、灵寿和平山，打击我军后方机关。

由于过去多次敌人"扫荡"都是分区"扫荡"，我们华北联合大学只要转移到敌人兵力空虚的地区或中心区，便可以避开敌人主力，乘时参加地方工作，待我主力粉碎敌人"扫荡"，便可回校复课，时间不过一个多月。因此，在石家庄、正太线敌人增兵的情况下，居住在滹沱河北岸各村的我们联大校部和各院、部，于九月中旬向平山北部、灵寿西

部腹地转移，法政学院、教育学院和文艺学院的一部分则向阜平城四周及唐县、行唐一带转移。

当华北联大校部及文艺学院的一部分转移到平山北部的崇山峻岭滚龙沟区的大岭沟时，突然遭到由灵寿西窜、长途奔袭我根据地腹地的日寇的包围攻击。

于时，我华北联大队伍立即分散，在大岭沟的崇山峻岭上分路突围。敌人包抄部队从四面八方包抄逼近，子弹像飞蝗般打来。幸亏大岭沟山峦险峻，地形复杂，草树茂密，同志们纷纷分路突出了包围圈。在突围中，校部党委教育干事杨展同志和校部直属队队长赵显正同志、政治理论教员宋士达同志等在一起，当越过一个山梁时，敌人子弹嗖嗖地飞来，宋士达同志腿部负伤倒地，滚下沟去，杨展同志脚下石块崩裂，从悬崖峭壁上摔了下去，头部撞在十几丈下的半山的岩石上，顿时血流如注。

★ 杨展烈士

第二章 华北联合大学（抗日战争时期）

127

当赵显正同志攀岩下去救护时，杨展同志还有一口气，她微微睁开眼睛，对赵显正同志说："队长，我不行了，你不要管我了，去帮别的同志吧。我死了，你把情况告诉党和同志们。抗日胜利了，你有机会，请你告诉我父母……"说罢，瞑目而逝。这位刚满二十二岁的英勇的女共产党员，为了共产主义事业，就这样把她年轻的鲜血，洒在晋察冀的山岗上。

一九四九年，长沙解放时，杨展同志的父亲杨开智老人（杨开慧烈士的胞兄）打电报向毛主席祝捷，很快接毛主席回电说：

"展儿于八年前在华北抗日战争中光荣地为国牺牲，她是数百万牺牲者之一，你们不必悲痛。"

杨展对自己要求非常严格，各方面表现十分自觉。当华北联合大学从延安出发时，我们曾想让她留在延安马列学院继续学习，但她坚决要上前线，要去参加艰苦的斗争。每当想起她，她那年轻的面庞，两道充满英气的微向上挑的蛾眉和一双晶亮的炯炯有神的秀目，总浮现在我的眼前。她嗓音嘹亮悦耳。"展伢子，来一个！"她是常被同学们啦啦队点名歌唱者之一。

我带着少数警卫人员，也陷在敌人包围圈中。华北联合大学军事科科长张西帆同志在打后卫，急忙跑去找到军区司令部的联络参谋，报告联大校部和我陷入敌人包围圈中，联络参谋急忙打电话把此情况报告了聂荣臻司令员，聂司令员在电话中说："成仿吾同志是中央派来的，立即派一团人去掩护成仿吾同志和联大校部突围！"第三军分区一个团很快赶来，敌人望风后撤。我和联大一部分同志就随这个团向第三军分区转移，以后我就和第三军分区司令部王平政委等同志在一起活动。

敌人第一次占领了阜平城，向我腹地四周"扫荡"。于是，我们联大四千余人高度分散，在平山、灵寿、阜平、曲阳、行唐、唐县这六个县中，分散参加各村的民兵游击小组或区的游击小队，在边缘地区则参加了敌后武装工作队。

在这次连续两个多月的极端残酷艰险的反"扫荡"战斗中，我联大全体师生员工表现了英勇顽强、浴血苦战的精神。敌人在我中心区腹地采用了"篦梳清剿""反复拉网""铁壁合围""奔袭剔决"等种种反复"扫荡"的战术，见人就杀，见房屋就烧，见庄稼就毁，实行血腥的"三光"政策，妄图彻底摧毁我中心区根据地。我游击小队、游击小组也利用山高岭险，地形熟悉，处处困扰袭击敌人。例如，把手榴弹挂在门上，敌人一推门就炸。这时，开始使用地雷战，把地雷埋在水井边、敌人集合场、要道路口，使敌人多次遇炸，心惊胆战。我联大师生与游击小组，在两个多月苦战中，穴居野处，常是烧些生玉米棒子、煮些生枣子充饥，白天伏在山头上，观察敌人动静，夜间设法骚扰打击敌人，艰辛备尝。我校部教务干部曹成贤同志与一位同学，在城南庄附近树林中与群众一起被围，他俩人奋勇去抢夺敌人的枪支，与两个敌人搏斗，夺得了敌人的盒子枪，但曹成贤同志不幸被敌人刺刀刺中壮烈牺牲。这位同学用盒子枪边还击、边撤退。后来这位同学把曹成贤同志夺来的这支日本新式盒子枪交给我留作纪念，我一直把它带在身边，长期由我的警卫员挂在腰里。还有，法政学院院部秘书张书堂同志，是在唐县的百花山同敌人搏斗中牺牲的。社会科学部一队的毕业同学陈孟明同志，在第二军分区工作，在这次反"扫荡"中不幸被捕，在敌人和汉奸审问他时，他大义凛然，怒斥日伪，并奋勇搏斗，遂被日寇用刺刀挑死，光荣牺牲。他来陕北公学前，是北京大学的学生。还有一些同学，也在这次反"扫荡"战斗中英勇牺牲。可惜这些名册、档案几经战火，已找不到了。

在参加敌后游击队的斗争中，尤其值得记述的，就是华北联合大学文艺学院有一部分干部和同学，竟深入到庸县、完县、行唐、曲阳一带设有敌伪据点、岗楼的村子里去作化装宣传。原来，日寇和伪军主力进到我根据地中心区"扫荡"后，敌占区有些据点、岗楼只有少数伪军据守，在我民兵游击队打击下，不敢活动。于是我华北联大文艺学院的同志，编了些化装宣传的小节目，在游击区化好装，傍晚走二三十里，突然到敌占区张灯化装演出宣传抗日爱国节目。"爱护村"的村民都来观看，伪军在岗楼上也偷偷观看。待我游击队宣传队撤走后，岗楼里故意放几枪，以便敷衍日寇。

此外，我们华北联合大学师生在帮助群众突击秋收秋耕、组织群众转移、修复房舍等方面，也做了大量的工作。

由于我主力在外线沉重打击敌人后方，敌人乃于十一月间被迫撤退。但敌人妄想占据阜平城，在我根据地腹地按下一个钉子。聂荣臻司令员乃集中五个团攻打阜平城，敌人未敢恋战，仓皇败退。至此，这次历时两个多月的反"扫荡"战争胜利结束。

由于我阜平、灵寿、平山中心区遭受惨重破坏，华北联合大学不能再保持四千余人的庞大规模，决定保留教育学院、文艺学院、法政学院及高中班共一千余人，其余同学毕业回原单位。其中，大量是冀中区送来的同学，越平汉路回去。后来，据说有部分同学在越平汉路时遭遇了敌人，又牺牲了些，我们心里都很难过。我们学校在敌后战场办学，流了多少血啊！

十一、渡过最困难的一九四二年

一九四二年一月，我校转移到了唐县的唐河边上的南、北洪城村和神南镇一带，继续进行教学工作。唐河两岸有广阔的田亩，这一带村庄也较大，我校校部和法政、文艺、教育三个学院一千余人，都在此住下。中学部的初中班，由江隆基同志带去延安，留下一个近百人的高中班，分文科、理科两班，由教育学院领导。

一九四一年十二月太平洋战争爆发之后，从北平燕京大学来边区的英国籍林迈可（勋爵）教授夫妇和班威廉教授，还有燕京大学国文系主任于力（董鲁安）教授夫妇，由华北联合大学接待，并请他们报告敌占区情况和讲学。联大妇委则同这两位夫人座谈，做统战工作。不久，林迈可夫妇和班威廉去延安。后来，他们在英国发表的回忆录中，对华北联合大学作了比较详细的介绍，并给了很高的评价。他们认为在敌人后方的解放区，中国有一批国内第一流的著名学者、教授，在艰苦的条件下办大学，同人民一起战斗，这是历史的奇迹，充分体现了中国共产党人的革命精神。

一九四二年五一节，校部在北洪城村住地举行了一次大规模的体育运动会。运动项目中还有马拉松式的赛跑。一九四二年春夏，全党整顿三风运动开始，我校也进行了全校性的热烈学习和讨论。

在贯彻理论与实际相结合的实践中，学校重视听取地方上同志对办好联大的意见，专门派出干部到地方上各单位去征求意见。出发前党委向同志们交代任务，特别嘱咐同志们要虚心地听取地方上同志们对联大的意见。同志们回到学校后，我们注意听取汇报。早在一九四〇年一月，学校就派出两个考察团，分赴第一、第三军分区考察，由沙可夫、郭念春、顾稀等带队，受到地方上党政军领导同志杨成武、王平等热情接待。以后每年我们都派出考察团、调查组，征求地方上同志对联大的意见，了解毕业同学的情况，努力做到学用一致。

联大师生在前方，参加了革命战争，参加了减租减息、生产运动、民主政权建设，理论与实际紧密联系，这是华北联合大学师生锻炼和改造的一门主课。努力做到改掉知识分子轻视工农的旧习气，这也是文艺学院师生创作的源泉。他们有许多新的创作，美术系这时开展了新年画运动。一九四一年秋季反"扫荡"结束后，边区党提出坚持抗战、保卫边区的十大号召，得到各村群众的热烈拥护、一致通过，叫作"十大军民誓约"。为了用通俗醒目的形式使"十大军民誓约"形象地深深印在群众的脑海中，华北联合大学美术系的秦兆阳、炎羽、田零、陈九等同志应边区美协之邀，依据誓约内容，创作了一套彩色的年画式的宣传画，用石印套色，印出了六百多份鲜艳夺目的新年画，张贴在各大村的通衢大道上，得到群众的欢迎和好评。一九四二年五月间，阜平五丈湾基干民兵队李勇等大摆地雷阵，炸死炸伤春季"扫荡"的敌寇几十名，传诵一时。为了进一步推动地雷战运动，联大美术工作者田零、徐灵到五丈湾现场采访，创作了一套真实地反映这场机智英勇战斗的新年画，叫《李勇大摆地雷阵》。后来又派田零等到冀中区各县巡回举办漫画、连环画、木刻新年画展览，紧密配合军民的斗争。现在许多国外的人，都在研究我们在那一时期的作品，美国还专门收集解放区的新年画；这个新年画运动，也是联大的一个创造。所以我们的校史和革命实践是分不开的。

一九四二年，日寇发动了对冀中区的极端残酷的"五一大扫荡"，华北联合大学文艺工作者牺牲了陈春耀、路玲（女）等同志。至于联大毕业学生在这场战斗中的牺牲者，已无法统计。当时，边区普遍开展了反"蚕食"的武工队活动，深入到敌伪据点去宣传。华北联合大学毕业学生参加武工队宣传的很多，他们的英雄事迹不胜枚举，其中有多少位牺牲者，也无从统计了。

在戏剧、音乐创作方面，这一时期，卢肃、牧虹写了配合农民减租减息斗争的小歌剧《团结就是力量》，何迟等同志创作了《王老三减租小唱》。配合对敌斗争、政治攻势的，有赵洵等创作的《晋察冀小姑娘》，还有在联大学习过的火线剧社创作的《绣慰问袋》等。描写生产运动和对敌斗争的歌剧，有《王秀鸾》及话剧《过光景》《穷人乐》等。

一九四二年秋天，针对敌伪的"治安强化运动"，联大文艺小队在第三军分区武工队配合下，深入到敌占区铁路沿线、碉堡附近，进行"政治攻势"，向敌占区群众宣传我必胜，敌必败，争取敌伪，严惩汉奸，达到了打击敌人、振奋群众，争取到人心向我的目的。这个小队共十二人，由丁里、韩塞、张非、邢也、石岩、何迟、岳慎、刘薇等同志组成，以小型的话剧、歌剧、歌咏进行宣传，收到了强烈的效果。

《白毛女》歌剧的传奇故事，是取材于晋察冀第三军分区青石山下杨各庄的一个故事。我们刚到晋察冀边区时就听到了这个故事，当时听说是八路军参加地方工作的一位区干部，不相信有"白毛仙姑"，他只身带枪埋伏在奶奶庙，侦破了"白毛仙姑"之谜，救护白毛女下山。白毛女在山上产下的小孩是饿死的。西战团邵子南同志写了个话剧脚本。联大陈地等同志收集了大量的晋察冀民歌旋律，如"小白菜呀，地里黄呀"，一九四二年秋带到了延安，后来由贺敬之同志等改编成为歌剧剧本，陈地同志等谱曲而成。

腰鼓发源于河北定县，联大文艺工作者在定县把它改编成为适合于舞台演出的舞蹈，带到了延安。新中国成立后推广到了全国。

我们用这些富有战斗气息和艺术水平的为群众喜闻乐见的文艺作品，来批判和抵制敌占区的流行歌曲《爱马进行曲》、《支那之夜》和《何日君再来》等。

冀中"五一大扫荡"开始时，保定、唐县沿线敌人大量增兵，联大作为后方机关，乃再度西迁，至侯各庄、下庄一带，教育学院、高中班则迁至阜平之高阜口村。

这时，春夏粮荒极为严重。一九四一年秋季大"扫荡"中，秋收、秋播受到严重破坏，一九四二年春夏大旱，小麦收获很少，有的地方河水断流，树叶干落，边区粮荒严重。幸亏军区骑兵团储备了许多马料——高粱、黑豆，不得已，骑兵改为步兵，战马交群众去耕地，把马料交后方机关作粮食。这一夏，我们日食两顿高粱粥、黑豆饼，切碎青椒拌盐下饭，过着半饱的生活。生活虽极艰苦，但我们仍是充满了打败日本侵略者的信心和乐观主义情绪，教学、学习和创作照常进行。联大师生之间、干群之间，同住、同食，同甘共苦，领导干部和同志们之间的关系是平等的、互尊的、互爱的，这是新型的共产主义道德基础上的新关系。联大虽说是学校，但师生们脑子里装满了战斗、牺牲！有战斗鞋、战斗盐……最困难的时候，由于敌人的层层封锁，我们吃不上盐，每人发一小口袋盐，当进入战斗时才吃，可是当战役结束时，同志们又把盐原封交回来。生活是这样艰苦，环境是这样恶劣，但同志们的精神坚定、真诚、坦率。教员邓德滋在一次思想检查中说：在反"扫荡"战斗中，他在饥饿非凡的情况下，路过一片枣树林，树上是一串串的红枣，树下也落下了满地红枣，他想摘，没有伸手，想拾，没有弯腰，因为他想到了群众，想到了群众纪律。这就是我们这支队伍的革命精神。师生的穿着，也是群众化的，女的不留辫，男的不留长发，同老乡一样。

这时，文艺学院、教育学院又招收了华北联合大学的第六期新生。第三军分区冲锋剧社，第一军分区战线剧社，抗大二分校文工团，全部到文艺学院各系学习。平、津一带城市也不断有学生到来，和边区新生一起到教育学院学习。

华北联合大学文工团，演出了反映对敌斗争，以反"扫荡"为主题的两个歌剧。一个是由文工团团长丁里编剧并担任主要演员的歌剧《钢铁与泥土》；一个是牧虹、仲伟等演出的歌剧《我爱八路军》。

一九四二年秋，敌人又向冀西第一、第三军分区边沿进行"蚕食"骚扰。联大乃再度迁至阜平县之平房、河西、北瓜台一带中心区。这些村庄在北岳恒山主峰之一神仙山之麓，耕地很少，群众生活贫苦，放羊，打柴草，种枣、花椒、扁豆、南瓜，是重要的生活来源。

一九四二年是整个解放区最困难的一年。日伪、国民党反动派都进逼解放区，重兵压境。日伪军在解放区周围构筑封锁墙、封锁沟，用"蚕食"推进政策，压缩解放区，增筑许多碉堡、据点。我根据地缩小了，由于粮荒，兵员也不得不减少。根据地被封锁分割，华北联合大学学生来源也减少。在此种情况下，一九四二年十月，晋察冀中央局和边区政府决定华北联合大学缩编，留下一个教育学院。文艺学院和法政学院结束，学生分配工作。校部和这两个学院的干部，一部分回延安，一部分在边区分配工作。由于晋察冀边区要成立参议会，中央局决定我去负责参议会的工作。

华北联合大学到平房等村后，整风运动进入收尾阶段。随后联大缩编，只留下一个教育学院。教育学院院长为于力同志，副院长为李常青同志，由顾稀同志任总支书记。华北联合大学大部分干部分配到边区党、政、军机关，参加日益残酷的对敌斗争。

十二、喋血敌后战场，迎接抗战胜利

一九四三年，华北联合大学教育学院设一个高中班于河西村，设一个师范班于连家沟村。高中班有一半学生是边区中学毕业学生，有一半学生是平、津等大城市出来的中学生。高中班分文科、理科，比较系统地教授科学文化与外语，目标是培养将来建国需要的人才。师范班的培养目标是中学的师资。缺少教学设备，就充分利用天然条件，如地理教师孙敬之，带领学生夜观天象，帮助同学们认识了银河系众多的星座。

俄文教员赵洵，选录俄文的马列著作作为教材，又教同学唱俄语的苏俄革命歌曲，既激励革命豪情，又学了俄文。

一九四二年十二月，我去阜平温塘筹备召开边区参议会。一九四三年一月，晋察冀边区第一届参议会在温塘新盖的礼堂中隆重召开。华北联合大学被选出的参议员有我和于力、何干之、沙可夫、李常青、阮慕韩、段良弼、刘仁（女，原名刘静君，除携带儿女参加革命，并介绍了一大批平津青年到联大，一九四一年三八节被选为模范母亲）。联大代表为胡华。北岳、冀中、冀东、平西、平北各大区的党政军领导同志和民主人士、社会贤达、各界代表，济济一堂，选举我为边区参议会议长，于力为副议长。聂荣臻、刘澜涛、萧克、吕正操、李运昌、程子华、刘仁等同志参加大会主席团，轮流主持了大会。还有日本反战同盟的代表致祝贺词，他讲话口音日本土音甚重，我们的青年翻译员听不懂，就由我口译。大会演出了大型歌剧《不死的老人》，描写一位老人，儿子为抗日而牺牲后，他被敌人弄瞎了眼睛，仍坚强不屈地进行抗日斗争。这一歌剧是由联大文工团和西战团的同志联合演出的。这也是晋察冀歌剧创作的高峰。它的主题歌《老人歌》广泛地在群众中流行："像那太行山的岩石，这样地坚硬；像那滹沱河的流水，这样地奔腾！……"

晋察冀边区的一九四三年，仍是十分艰苦、斗争十分残酷的一年，也是联大干部牺牲最多的一年。

四月间，吕光和刘玉芬同志牺牲。吕光同志是原联大党委组织科科长，这时在冀东区党委担任宣传部部长。他和他的爱人刘玉芬同志（原联大党委干部）一起在冀东丰润县杨家铺山沟里参加区党委扩大会议，被敌人奔袭包围。冲出沟口时，吕光同志不幸中弹牺牲，刘玉芬同志见沟口已被敌人交叉火力封锁，无法突围，大队敌人追来，为了不当俘虏，英勇地拔手枪自杀。这两位同志都是作风正派、对党忠诚的好同

★ 晋察冀边区第一届参议会文艺界参议员田间、沃渣、沙可夫、沙飞、周巍峙（左起）

★ 冀中军区程子华政委作报告

志。吕光同志在一九四二年春调离联大时，对于联大工作向我们提了很中肯的建议。当我们听到他俩牺牲的消息时，心中十分悲痛。原华北联大教员李滔同志，当时在冀东担任县委书记，他机警地钻在那次牺牲同志的遗体堆中，脸上涂满了血，才得脱险。

五月间，佘毅同志牺牲。这时，敌人对北岳区第三军分区唐县、完县发动残酷的春季"扫荡"。在完县野场村制造了屠杀全村男女老幼的"野场惨案"。佘毅同志在第三军分区主力第二团担任政治处副主任，他曾在陕北公学分校和华北联合大学宣传科工作过。他们与敌人转战在唐河两岸，五月六日拂晓转移时，与敌人遭遇，被敌人重重包围，在突围中，他英勇牺牲。他是一位很英俊的青年，又是男高音歌手，被称为"金嗓子"。为了民族和人民的解放事业，他献出了热血和生命！

一九四三年的秋季反"扫荡"，华北联合大学牺牲的干部最多。

一九四三年九月十六日，敌人集中四万兵力对我北岳区中心区发动毁灭性的秋季大"扫荡"。华北联合大学原党委妇委委员倪淑英同志，这时在军区组织部工作，她隐蔽在神仙山中炭灰铺村后一个小村庄的山沟中。敌人知道这一带隐蔽着我军后方机关的一些干部，在天未亮时就闯进这条山沟"清剿"，前面故意赶了一群羊，伪装放羊人上山。待倪淑英同志发现敌人时，敌人已经逼近。她身上带着些党的文件和干部名单等机密材料，她赶紧烧文件，叫勤务员快跑。勤务员不走，帮她一起烧文件。敌人已经冲上来，倪淑英同志拔出手枪，向敌人开枪，且战且走，敌人乱枪齐发，她倒在血泊中，壮烈牺牲。勤务员受伤躺在她尸体下，让敌人以为他已死，就这样躲过了敌人。倪淑英同志是华北联合大学政治部原主任张然和同志的爱人，张然和同志调到冀中区党委任社会部部长，她因怀孕，留在冀西，不幸牺牲。

同倪淑英同志同时在炭灰铺山沟里牺牲的还有联大卫生处原处长范实斋同志，他当时在军区卫生部工作。那条山沟里隐蔽着一些病号和孕

★ 右边为余淑英烈士，中间为三十八队指导员张本鸿，左边为孔筱　　★ 姜祥征烈士

妇，他作为医生也在那里。敌人赶着羊群上山，他也未及防备，在突围中，被敌人刺刀挑死，鲜血洒流在北岳恒山上。

在行唐壮烈牺牲的有姜祥征同志。她原是陕北公学高级研究班六队最年幼的一位女同志，那时才十六岁，已是共产党员了。在三千里长途行军中，她非常积极，什么事都抢着干。她在社会科学部第一队毕业后，经过北方分局党校一段学习，分配到行唐县委宣传部工作，改名江真。一九四三年秋季反"扫荡"中，她被敌人包围在行唐县的北山上。突围中，她的头部被子弹打伤，鲜血直流。她看到无法突围出去了，就忍着痛爬上了悬崖绝壁，毅然纵身跳下了悬崖，光荣牺牲。烈士的鲜血，染红在行唐县的北山上。当时在山洞里避难的老乡们看到这种可歌可泣的壮烈情景，都流下了热泪。当时她才二十岁。她是江苏常州人，我们迄今还未找到她的亲属，无法通知他们关于姜祥征烈士英勇牺牲的事迹。

还有孙家林同志，也是社会科学部第一队学员，后来分配到行唐完全小学任校长，工作做得很出色，也在这次反"扫荡"中光荣牺牲。

在雁北牺牲的有张明同志母子。张明是陕北公学高级研究班五队和华北联合大学社会科学部第一队的毕业生。在三千里长途行军中，她是

第二章　华北联合大学（抗日战争时期）

女生排长，又是歌喉嘹亮的歌咏指挥。她被分配在雁北专区妇救会工作。一九四三年反"扫荡"开始后，她和雁北专署后方机关住在阜平和灵邱交界的高山中一条山沟里。我们行军转移到雁北，遇见她带着两个很小的孩子住在那条山沟里，我叫她快走，告诉她，敌人快来"扫荡"了。过了几天，就听说她和孩子都牺牲了。那也是一个拂晓，敌人偷袭包围了她们，先把她的两个小孩捉住。敌人惨无人道地把她的小孩一个一个往上扔到空中，再拿刺刀尖接住，穿死，以此取乐。张明同志愤怒地与敌人搏斗，也惨死在敌军的刺刀尖下。母子血染在雁北长城边上。在雁北繁峙县还牺牲了社会科学部第一队毕业生肖国栋同志，他当时担任繁峙县司法科科长，在这次反"扫荡"战斗中，壮烈牺牲在繁峙的沙河镇附近。

联大分配到平北抗日根据地去开辟平北的龙关、赤城、延庆、怀来一带根据地的一部分同志，也有好几位壮烈牺牲。一位是李仁初同志，他担任过华北联合大学的队长，校部直属队的指导员，"党的基本政策"课的教员，后来分配在平北怀来县担任县委书记。反动地主在他的饮食中下毒药，他被毒害而牺牲。他平素为人很幽默，被大家起了个外号叫"二嫂子"，是一个很优秀的干部。还有高传纪同志，也是陕北公学学生，三千里行军时在联大校部当通信员，年轻而勇敢机智。他在平北被敌人包围，在奋勇搏战中，被敌人残暴地放几条狼狗扑上去咬死。他牺牲得很悲壮。新中国成立后，他父亲是山东省委的一位负责干部，写信问我关于高传纪同志的下落，我复信把情况告诉他，请他不要过悲，说他"教子有方"。

还有，华北联合大学有位女教员时迈同志，也是在平北区极端残酷的对敌斗争中劳瘁而死。

在这次残酷的反"扫荡"中，联大分配出去的文艺工作干部，牺牲的毕业同学、文艺工作者有陈九、赵尚武和儿童演员赵思尚，还牺牲了平西挺进剧社的采军、齐世超等。

壮烈牺牲的还有一九四一年曾在华北联合大学少年儿童队学习过的两个最小的文工团员。一个是女孩，叫陈云，那时九岁；一个是男孩，叫计晋福，那时七岁。在一九四一年反"扫荡"中，他们走山路都很困难，还坚持自己背着背包。一九四一年反"扫荡"结束后，他们被送去上边区小学。一九四三年反"扫荡"中，边区小学隐蔽在一条山沟里，那条山沟有我军区后勤部在山洞里埋藏的各种军用品。他们被敌人包围，敌人要他们供出我后勤部埋藏东西的山洞，他们坚不吐实，被日寇用刺刀惨杀，壮烈牺牲。这年，陈云十一岁，计晋福九岁，这是华北联合大学最年幼的牺牲者。

联大教育学院也牺牲了一位从北平出来的女同学胡辛力。她们隐蔽在神仙山高峰上一个小村——菜地村的山洞里，洞口很陡峭，她不幸摔下去牺牲了。

黄天同志也在那时牺牲。他原是陕北公学剧团团长，联大文工团第一任团长，后来分配到冀东尖兵剧社当社长。一九四三年冬，在冀东反"扫荡"战斗中英勇牺牲在遵化县。在冀东牺牲的还有联大的原队长魏中同志。

一九四四年春，又牺牲了联大高中班英语教师李少堂。他是陪同美军观察组人员从前方回延安去，在娘子关附近牺牲的。战斗中牺牲的教员还有罗觉中等人。

这正是"为有牺牲多壮志，敢教日月换新天"！

革命是要流血的，怕流血就不能革命。我们的校史，也像党史、革命史一样，是从流血斗争中走过来的。这里还只是很简略地记述了我们所知道的一些牺牲者。还有许多位牺牲了的烈士，我们还没有记下他们的名字和事迹，还希望校友们提供。我们不能忘记那些在艰苦年代献身的同志。

一九四三年十二月，党中央调我回延安去参加党的第七次全国代表大会。

七大被称为团结的大会和胜利的大会。就是要团结全党全民，迎接抗战的胜利。

一九四五年八月，日本投降。我又从延安出发，经山西，走过当年汉高祖被围的白登山下，到达了晋察冀边区首府张家口，重返联大，并继续担任晋察冀边区参议会的议长。

联大教育学院高中班，在一九四四年四月奉调到延安，分别进入延安自然科学院、医科大学、延安大学、鲁迅艺术学院、外国语学校学习。一九四四、一九四五年从平、津出来几百名学生，教育学院增设了政治班；边区中学合并到联大教育学院，成为中学班，加上师范班，这是华北联合大学第七期、第八期的学生了。教育学院在一九四四、一九四五年开展了轰轰烈烈的大生产运动，到大黑山上开荒，到菜地村砍柴，到炭灰铺背煤、背坑木，把教育和生产劳动密切结合起来，既锻炼了这批青年师生的筋骨和意志，又大大减轻了人民的负担。

日本投降时，教育学院院长是林子明，总支书记是狄子才，主要教师有宋涛、何戊双、郭汉城、卢金堂等。他们带着政治、师范、中学三个班，进驻张家口。

综观抗战时期的华北联合大学，在残酷的敌后战场，进行教学和战斗，整整六年。先后在华北联合大学毕业的共八十余个队（班），学生达八千余人；连同经过华北联合大学培养一个时期即分配工作的干部，人数逾万。到文艺学院受训学习的剧社，有十七个之多。培养了文艺干部一千多人，教育工作干部两千人，政府行政干部三四千人，其他群众工作、党政工作、生产建设干部几千人。本校各院的研究室也培养出了几百名政治理论、文艺、教育、政法、财经方面的骨干教师。华北联合大学在敌后解放区，对坚持华北抗战，对开展边区的政治、经济、文化、教育、文艺等各条战线的工作都作出了贡献。

伯渠等六人發起

籌辦陝北公學

實施國防敎育培養抗戰人才

特訊：目前抗戰後，爲了實施抗戰敎育，培養抗戰幹部，由林伯渠、吳玉章、董必武、徐特立、張雲逸、張弟等六人，在陝北延安，發起建立陝北公學。校址設於延安縣。由後方分擔。

任校長。全校內分政治經濟系、師範速成系、醫事系、國防工事系、日本研究系等及各種設備。正積極籌備中。凡入學學員，一律收取義勇學生資格。規定設校已在三處，內容各治經濟高中畢業名額。保於本年建立。

程度者。目前已正式成立籌備處，由成仿吾主任。關於校舍延安宇三地設立有專門及初中畢業及同等程度者。其餘名額。並可行訓練。均如行訓練。

第三章

华北联合大学

（解放战争时期）

一、张家口阶段，复校和走向正规化

日本投降，朱总司令以延安中国人民解放军总部的名义下达命令，令我解放区各路大军向我军所包围的敌占大城市展开大反攻和准备接收。这本来是天经地义的事，谁长期包围着的城市，就应该由谁就近接收。所以，那时我们晋察冀的部队准备进入北平、天津等大城市，北平市市长、天津市市长都委派好了，准备去接管，我们华北联合大学（当时已仅留教育学院）也准备进北平城。

可是，蒋介石的军队，在美国的空运下，抢先一步，占了北平、天津等大城市。这样，我们的部队就不能进北平、天津了，于是就改为进攻张家口。这是一次突然袭击，敌人毫无准备，我们打进张家口的时

★ 华北联合大学负责人在张家口（左起：于力、沙可夫、刘程云、成仿吾、丁浩川、周扬、林子明）

★ 华北联合大学学员庆祝张家口解放

★ 华北联合大学张家口校部的全体
教职工和学员

★ 华北联合大学张家口校部正门

候，他们正在吃早饭，饭没吃完，就跑掉了。我们解放张家口后，接管了敌人的大量的物资仓库，取得了不少补充。

这样，我们华北联合大学就随军进了张家口，接收了敌伪铁路局的一批房舍作为校舍，礼堂、教室、宿舍、饭堂，还都是比较齐全的。

这一年的年底，我从延安返回到晋察冀，来到张家口，就积极从事华北联合大学的恢复工作。

张家口离北平、天津较近，所以学生来源不成问题。特别是一九四六年一月"旧政协"召开以后，我们通过公开、半公开的方式在平、津等城市招生，这样，就形成大量知识分子涌向张家口的局面。因此，也就促使华北联合大学必须复校、扩大和走向正规化。

一九四六年春，周扬同志率领的延安大学师生员工到张家口，他们原准备由延安进入东北地区的。由于前方战争频繁，道路阻隔，他们不得不暂留张家口并入华北联合大学。这样，就更加强了我们学校的力量，周扬同志任联大的副校长。

周扬同志当时还担负了一个准备出国的任务：去美国讲学。美国邀请了中国的两名作家老舍（代表国统区作家）和周扬（代表解放区作家）去美国，其目的是显示和宣扬美国的民主和文明。

由于美蒋勾结从事内战的阴谋逐渐暴露了，周扬同志最后没有去美国，只是在上海待了一段时间。他回来的时候，曾讲到解放区的秧歌舞如何在上海文艺界受欢迎等等，我们听了都非常高兴。

周扬同志回来后，即来往于张家口、北平之间，从事文化界的一些联系和统战工作，这对于联大的建设都起到了良好的作用。

华北联合大学在张家口逐步恢复和扩大了。

最先恢复了原来的文艺、法政、教育三个学院和一个文艺工作团。文艺学院下设文学、戏剧、音乐、美术、新闻五系；法政学院下设政治、财经两系；教育学院下设国文、史地、教育三系。

★ 华北联合大学音乐系学员在张家口上课

当时，教务长是张如心同志，副教务长是林子明同志。张曾是抗日军政大学的政治主任教授，延安大学的副校长；林原是燕京大学的生物学教授，曾服务于教育界二十多年，是在太平洋战争爆发后跑到解放区来的。文艺学院院长是沙可夫同志，副院长是艾青同志。法政学院院长是何干之同志。教育学院院长是于力同志，副院长是丁浩川同志。文艺工作团团长是吕骥同志，副团长是周巍峙同志和张庚同志。

★ 华北联合大学文艺学院副院长艾青作报告

一九四六年六月，结合当时形势的需要，华北联合大学新成立了一个外国语学院，下设俄文、英文两系。院长是浦化人同志，他曾任晋冀鲁豫解放区的高等法院院长和延安编译局的英文系主任。

这一时期，每个学院的课程设置也比较多样化和正规化了。例如，文艺学院除全院性的文艺讲座、社会科学概论、国文（文学系免修）等外，文学系的课程有文学概论、近代中国文学史、创作方法、民间文学、文法与修辞、作品选读（包括外国和中国的作品）、写作练习、文学活动等；美术系有美术概论、色彩学、解剖学、素描、创作实习、室外写生、画家研究（外国和中国的名画家）、作品研究（外国和中国的名著）和民间美术研究等；戏剧系有戏剧概论、戏剧讲座（包括戏剧运动史）、舞台技术（包括装置、灯光等）、化装、编剧、导演、表演、秧歌舞、排演和音乐等；音乐系有音乐讲座（包括音乐运动史、民间音乐研究等）、作曲法、指挥、乐队、乐器、乐理、记谱、唱歌等。

★ 华北联合大学戏剧系在张家口排戏

★ 华北联合大学戏剧系学员在上课

★ 华北联合大学学员打腰鼓

再如，教育学院除全院有必修课教育概论和文教政策外，教育系有教育行政、小学教育、社会教育等，史地系有中国通史、近代世界史、中国地理、历史研究法及教学法、地理研究法及教学法等，国文系有国文讲读、文法、修辞及文体研究、国文教学法等。

★ 成仿吾在华北联合大学教育学院史地系毕业典礼上讲话

重视思想教育，是我们学校一贯的优良传统，特别是在张家口时期学校大发展，学生来源很广泛，国内各地和新老解放区都有，他们的家庭出身、文化程度、政治认识和学习要求都各有不同。在这种情况下，就更必须加强思想教育。当时，我们的思想教育，主要是通过以下几种渠道进行的：

第一，政治课的学习，其中包括社会发展史、中国近代革命运动史、新民主主义论、解放区建设等，政治课的比重约占全部课程的20%。

第二，专门问题的报告，包括关于思想、政策方面的讲座等。

第三，时事学习，包括读报、时事问题的报告和讨论等。

第四，日常的民主生活，包括小组生活、批评和自我批评、学生会举办的各种活动和定期的选举活动等。

第五，社会活动和民运工作，包括居民工作和参加土地改革等。

第六，生产劳动。

我们通过以上各种渠道，帮助同学们清除旧中国的生活和教育给予他们思想意识上的影响，帮助他们认识世界和中国的过去和现在，认识人民群众并认识自己，以建立科学的世界观和历史观，建立为人民服务

★ 华北联合大学学员集体学习报告

★ 华北联合大学学员认真做笔记

的人生观。

实践证明，这种教育方法是比较有效的。

在这里，要特别强调一下关于政治课的教学方法问题。那时，我们采用的是以自学为主，或者叫自学辅导制，而不是单纯的讲授即所谓填鸭式。同学们对单纯的讲授不容易发生兴趣：第一，它不是建立在自觉的基础上，不是主动的学习，这样就不能开动脑筋去深入地思考。第二，采取灌输式的讲授，不能深刻地了解问题，因而就不能有深刻的印象，觉得和自己无关。第三，教员已经把问题分析了、解释了，剥夺了同学发现问题、综合问题的机会。第四，讲授容易有教条主义的倾向，难以符合实际的要求。如果强调以自学为主呢？那就不但没有以上的缺点，而且还有以下的优点：第一，提高对学习的责任心，主动地去学习，自觉地去思考。第二，可以在学习过程中，发挥学习上的创造性。第三，可以发扬互助友爱的精神，补救文化水平的差别。

★ 华北联合大学俄文外教给学员上课

第三章　华北联合大学（解放战争时期）

153

因此，我们的教学程序是：

第一，各门课程由教员进行辅导式的教学。教员针对班上情况，先规定学习材料，再作一次引言，明确本门课程学习的目的并指出若干重点。

第二，同学们自动组织起来，规定学习进度，分成若干互助小组，阅读学习材料，并进行漫谈会和讨论会。

第三，在学习过程中，同学们提出许多问题。学生会的学习委员将这些问题收集上来，交给教员。教员针对这些问题，加以组织系统化，最后进行一次问题解答，作为本门课程的结束。

★ 华北联合大学学员在阅览室学习

★ 华北联合大学学员
在走廊上学习

引言—阅读—漫谈—讨论—解答问题，这就是自学辅导的过程。同学们对这种方法比较肯定，他们说："自学是自己的要求，一方面是主动去学，一方面是在自己要求下，解决些问题，会很快进步。""自学辅导比讲好，主要一点就在和同学思想相结合，不是空谈。"

在张家口将近一年的时间里，我们学校还配合了这个城市（当时是解放区最大的城市了）各个时期的中心工作，展开了许多活动。

一九四六年的春天，学校组织了两个慰问团，到前线慰问为争取和平民主事业而进行自卫战争的人民解放军的战士们，鼓励了战士们的斗争精神。不久，学校又组织了大秧歌队，帮助新解放的张家口市民把旧历年过得空前热闹。此外，我们还经常在市内宣传动员群众，努力参加争取和平民主事业的各项工作。

同年四月，全体教职学员一律参加了抢修市外西沙河的工程。师生们发扬老解放区的光荣传统，辛勤地劳动，他们的劳动热忱感动了这个城市的市民们，从而密切了学校和市民群众的关系。

同年五月，学校参加了张家口市市参议员的选举。这次选举正好在红五月进行，相当认真和热闹。一方面，我们学校内部展开了认真的竞选、选举活动，许多候选人都发表了竞选演说，民主气氛相当浓厚。另一方面，我们还在市内展开了宣传、组织工作。例如，我们曾组织了三四百人的大秧歌队，庆祝和宣传这次选举。我们还编了一个秧歌剧，表演一个老木匠如何为参加选举而动员自己的妻子。在清河桥头演出的时候，市民们欢笑着观看我们秧歌队的演出，并以热烈的鼓掌回报了我们。有一个拥军模范何大妈，跟随我们的秧歌队走了很多地方，还发表了竞选演说。

同年七月，学校的大部分教职学员，根据中央"五四指示"的精神，到农村去帮助政府推行耕者有其田的政策。同学们都热情地积极地投入了这一富有历史意义的运动。下去之前，积极学习有关文章、文件，请有经验的同志介绍农村工作经验，有的同学兴奋得睡不着觉，他们认为这是知识分子和工农群众相结合的大好时机。同学们下去后，表现都很好，他们起到了工作队的作用，帮助农民组织农会，斗地主，分土地，分浮财。他们到处宣讲、演戏，起到了很好的鼓动作用，并创作了《有了土地多生产》《诉苦》《佃户村》等短小精悍的剧本。我们联大的同学们，走遍了桑乾河两岸，那里到处有同学们的足迹，那里的老百姓至今还记得我们联大的同学们。

同年九月，国民党军队飞机的轰炸不断威胁张家口。我人民解放军遵循党中央、毛主席的"大踏步前进，大踏步后退"，战争的胜负不在一城一地之得失而在有生力量之消长的战略方针，已经准备撤出张家口，所以这时学校也离开了曾经定居大约一年的张家口市，转移到了晋北广灵县的农村，这时还在桑乾河两岸从事农村工作的师生们，也逐步转移到了广灵。

在张家口的一段时间里，还应该提到的一件事，就是学校管理的民主化，充分发挥学生会的自治作用。

华北联合大学在一九三九年成立，初到晋察冀时，只有全校性的学生会，各学习单位仅有救亡室的组织，是课外活动性质的机构，那时行政上仍有学习生活的领导系统。到一九四一年，有了大的改变，行政上的一套系统在同学中基本上取消了，加强了学生会民主自治及学习上的组织领导工作。到了张家口时期，这种作用得到充分的发挥。

在张家口，我们学校每当学生会的选举，都形成一次民主生活的高潮。从小组提预选人名单起，至候选人总投票止，一直都在沉着、热烈、紧张和愉快的气氛中进行。尤其是在竞选介绍的会上，自由无拘束地当众讲述候选人的事迹和能力时，发言人几乎都拿出他们集体写成的稿子，理直气壮地来为他们要选的人竞选。选民们帮助他们的候选人订出施政纲领，并以图画、标语、口号及歌词等种种方式来为他竞选。选民们在竞选中也贯穿着实事求是的精神，因为他们都清楚地知道：过分的夸大是不会起好作用的。因为那样做是会引起群众以不合事实的反驳来提出反竞选的意见的。只有老老实实、实事求是地为候选人作介绍或竞选演讲，才会争取得更多的票数。在这种条件和情况下，当选人就必然会符合选民的奖誉，积极努力来为群众服务。因为，一则他们是由群众明亮的眼睛所挑选出来的，二则青年人无论怎么讲，总是要求进步的。经过这种公正合理、群众自觉自愿的无记名投票选出，无论是谁，当选了都一定会感到这是群众拥护的无上光荣，因而就会加倍地努力为群众服务。从选民讲，理想的人既经选上，他们必然会诚心诚意地拥护他，因为他已成为他们心目中所钦佩的人了。即使当选人不一定是每个选民的票中人，但毕竟是多数人的意见，在一个民主的团体里，必然会被多数人所尊重和拥护的。

★ 华北联合大学学生会第二届全体会员大会

第三章　华北联合大学（解放战争时期）

战火中的大学

从陕北公学到人民大学的回顾

★ 华北联合大学在张家口办墙报

★ 华北联合大学学员办的外文板报

二、从张家口到束鹿，八百里小长征，重返农村

从张家口至广灵，在途中，例如在蔚县，我们分配了一部分同学从事地方工作，因为根据当时战争形势的需要，必须进行发动群众从事支前工作。这些被分配的同学表现大都很好，有的还在解放战争中英勇牺牲了。

华北联合大学在广灵停留了大约一个月。在那里，师生们继续根据"五四指示"精神，帮助当地农民实现耕者有其田的要求。此外，我们也组织了教学活动。根据形势的特点，我们还组织了多次全校性的大报告。有些从北平撤出、准备去延安的著名人士，经过我们那里，也被请来作报告，如著名的法学家陈瑾琨老先生便是其中的一位。

十一月间，我们开始了向冀中转移，中间经过灵邱、阜平、唐县、安国、深泽等县，于年底到达束鹿县，全程八百里左右。这是一个不短的行程，特别是对平津一带跑出来的知识分子来说，更是一个艰苦的历程。因此，我们在出发以前，进行了充分的动员工作和准备工作。出发时，每个院的行军队伍都有先遣队（号房、筹粮、做饭）和收容队（收容病号、体弱和跟不上队伍者）。

在这次从张家口往冀中的大转移中，有一件事值得我们追述，这就是郭兰英同志参加革命。

郭兰英同志原是张家口一家旧晋剧班子的演员，她出身很贫苦（贫农），因为家乡闹灾荒，被卖到旧戏班里学唱山西梆子，在太原唱了三

年，在张家口唱了两年，受尽了折磨，经常挨打受气，曾经有一次买了大烟准备自杀。张家口解放时，她只有十六岁。我们华北联合大学文工团派人去她们戏院帮助工作，教她们学唱歌，排新戏，给她们讲革命道理。还帮她们组织旧艺人联合会，改善旧艺人的生活，使过去戏班子里那些欺侮人、剥削人的坏蛋和特务，再也不敢张牙舞爪了。郭兰英同志从此也脱离了经常虐待她的师妈，和从家里来看她的母亲住在一起，过着真正自由民主的生活。郭兰英同志是从苦海中得到解放的人，一提起八路军，便感激不尽。所以，她后来唱起《妇女自由歌》来，那样感情真挚，精神充沛，这都不是偶然的。

敌人来进攻张家口，我们准备转移了。这使郭兰英同志内心很痛苦，她想："我得出去找八路军，若不出去我就不能翻身了，还得回师妈家里去受罪。"但是，她母亲不同意她跟我们走，怕她出去受苦。可是，郭兰英决心很大，她对母亲说："我非走不行，你要叫我活，就是出去，你要叫我死，就是在家。"她母亲明白了道理，就同意了并和她一道出来。

联大文工团的同志来向我汇报，说郭兰英要跟我们一起走，我问："她能吃得了苦吗？"他们说："能吃苦！"这样，我们就同意了，为了照顾她们不习惯行军生活，我们还派了一辆大车叫她们母女俩坐车走。没过几天，郭兰英不愿坐车了，她说："坐着大车怎么能行，还革什么命？八路军都是走的，我也走。"第二天，她一下就走了七十里山路，晚上到宿营地就累垮了。母亲心疼她，叫她坐大车，但她仍坚持不肯，并且十分刚强地说："不！我要锻炼！"

此后不久，郭兰英同志就正式参加了华北联合大学的文工团，演出了许多新戏，如《王大娘赶集》《白毛女》等。她为了能演革命戏，把原来嘴里的金牙也摘掉了。石家庄解放后，联大文工团到石家庄工作，我们要郭兰英帮助一家老剧院——升平剧院演几天山西梆子，以改善那里的贫苦的同业的生活，她愉快地接受了这一任务。演出几天后，升平剧院的演员们都非常感激，联大文工团回来时，他们感到过意不去，非要给郭兰英钱，还要请她吃饭，但都被拒绝了。郭兰英同志认为："我在革命队伍里，不愁吃不愁穿，怎么能要他们的钱呢！再说解放军是不拿老百姓一针一线的，我应该遵守解放军的纪律。只要他们的生活能得到改善，我心里就喜欢了。这不过是尽了一点责任。"

从张家口到冀中束鹿县，共经过宣化、蔚县、广灵、灵邱、阜平、唐县、安国、深泽等县，全部行程八百余里。这一段行军生活，都深深印在联大师生，特别是印在平津一带来的知识分子的脑海中。岳飞在《满江红》词里说"三十功名尘与土，八千里路云和月"，我们这个小小的行程，也可说是"八百里路云和月"吧！通过这次行军，同学们受到很大的锻炼，特别是在通过冀西山区时，看到被敌人"扫荡"过的农村，断墙颓壁，群众衣不蔽体，使同学们受到很大的教育。在一些老根据地，我们的队伍又受到村干部和老乡们的热情支持和欢迎，使同学们受到很大的鼓舞。因此，到达目的地后，许多同学在作行军总结时，都把这次行军称作小长征。

从张家口到冀中的束鹿县，我们算是从城市又回到了农村。当时，

★ 华北联合大学负责人在束鹿
（前排自左至右：于力、何干之、林子明、成仿吾，后排自左至右：沙可夫、刘介愚、艾青）

我们住在离束鹿县城十几里的地方，校部住大李家庄，文艺学院住小李家庄，教育学院住常家屯，政治学院住杜科村，外语学院住路过村。

虽然回到农村，但由于我们在张家口复校已有相当规模，所以回到农村后，条件虽然差了，但是我们学校仍然能够坚持下去，规模不仅没有缩小，而且有逐步扩大的趋势。例如，为适合冀中农村工作的需要，教育学院增设了文化补习班，招收冀中当地农村的知识分子（初中生或高小毕业生）。再如，文艺学院经常轮流地开办短期训练班和乡艺训练班（前者时间三个月左右，后者为半年），目的是提高各地剧团和宣传队的艺术水平，培养领导村剧团的干部。同时也借此吸取好的经验充实各系的教学内容。

此外，还值得一提的是，我们撤出延安后，延安平（京）剧研究院

★ 华北联合大学学员下乡演出

也到了冀中，合并到我们华北联合大学来了。院长是罗合如同志，主要演员有阿甲等同志。全团有教员、演员、学员共一百人左右。

平（京）剧研究院对旧京剧进行了许多改革，例如旧剧舞台上总是丑化老百姓，把他们画上小丑的脸谱，我们则不画了。过去舞台上的主角，总是帝王将相、才子佳人，我们则编出了许多歌颂人民群众和寓意深刻的剧本，如《逼上梁山》《三打祝家庄》《河伯娶妇》《鱼腹山》《中山狼》《进长安》《红娘子》等。除新编的剧本外，还改编了一些旧剧本，如《十一郎》《坐楼杀惜》等。此外，也挑选好一点的旧戏，有选择地演出，如《打渔杀家》《空城计》《群英会》等。

我们的平（京）剧研究院很受群众的欢迎。每逢节日或周末，就在农村的打麦场上，搭起土台子，点起汽灯。不等开场锣鼓响，周围一二十里村庄的群众，都跑来观看。束鹿县在经济、文化水平上，都是比较高的县，有"金束鹿"之称，这里在天津做买卖的小商和学徒均不少，因此，台上演戏，有的观众也在下面有板有眼地跟着哼哼，精彩处无不齐声喝彩和鼓掌，戏散后则在归途中纷纷发表评论。那时我们学校对外称"平原宣教团"（为了保密的需要），提起宣教团的平剧院，远近没有不知道的。

由于又回到了农村，理论就更加密切联系实际了。当时，冀中正在搞土改复查工作，我们各个学院都参加了所在村的复查工作。一九四七年十月土地会议召开和《中国土地法大纲》公布后，我校大部分师生又都参加了当时大规模的分配土地的工作。从"五四指示"到《中国土地法大纲》，由于参加了土地改革的全过程，所以同学们收获很大，思想迅速得到了提高。

例如，我们教育学院史地系的同学，三次参加土改，第一次是在察南，第二次是在冀中，第三次是在冀西的井陉县（矿山附近）。这三次土改时的国内形势有很大变化，三次工作中的政策也一次比一次深入和

第三章　华北联合大学（解放战争时期）

163

★ 华北联合大学师生发动群众开展土改

★ 华北联合大学学员在土改中访问老乡

更加完善，而同学们在这三次工作中的收获也不相同：第一次的主要收获是对中国农村的阶级关系和广大农民在封建半封建的土地制度下的悲惨生活开始有所认识；第二次工作后的主要收获是根据自己在工作过程中的表现，认真地检查了自己的思想和立场；第三次的主要收获，则是实际地学习了发动和组织群众的艺术和对土改政策的掌握。同学们经过了这三次工作，可以说对于当时中国革命的最基本的任务有了比较全面的了解，而且他们为人民服务的人生观也更明确地树立起来了。

这一时期，我们的业务课也更加改进了。例如，教育学院教育系的同学，他们在一九四七年三月至九月，用了半年的时间，到冀中工作基础比较好的深县去进行乡村小学教育、社会教育和教育行政的实习和研究。他们分散到二十几个村庄去工作，每月集中汇报讨论一次。他们在教学方法的改进上，在生产与教育结合的推行上，在整个村庄文化活动的组织推动上，在小学教师的学习与提高上，都进行了不少的试验和研究。六个月后，他们回到学校里，进行了一个半月的总结讨论。经过这次实习，同学们对于教育工作的热情大大提高了，不仅认识到教育工作在整个人民解放事业中是一项十分重要的工作，而且对于从事教育工作也增加了浓厚的兴趣。总结以后，同学们怀着极大的信心走上工作岗位。

再如，文艺学院由于迁到农村，和广大的群众生活在一起，对于贯彻执行与实际相结合的方针，得到了更为有利的条件。许多学生都在文章里或日记本上写着他们诚恳真实的感言："现在学一月胜过已往学一年。"在和群众打成一片的那种农村环境里，戏剧系帮助周围的村剧团，和群众一道创作、排演，往往这种实习工作的总结就是一门最生动的课程。文学系的文学活动重点也是放在和老乡交朋友上，借以熟悉群众的生活语言和思想感情，充实创作的内容。还有音乐系，则经常教各群众

★ 华北联合大学从事教育
工作十年以上纪念奖章

团体（妇女会、儿童团）唱歌。文学系主办的街头诗周刊和美术系主办的街头画报，很得群众的喜爱，经常出现这样的情形：老乡们利用休息时间，一堆堆地拥在画报和诗刊下，有的端着碗一面吃饭一面欣赏，有的掏出小本子抄写他们各自心爱的诗词和歌谣。

★ 华北联合大学学员背着背包晨练

★ 华北联合大学美术系学员互相观摩学习

★ 华北联合大学美术系学员在室外实习画画

群众的生活实践，是我们艺术创作的源泉，美术系学来的拉洋片，就是我们从事拜老师的结果。当时，我们同学仅用水彩颜料就画了许多配合当前任务的画，内容有土改、参军等，这些画都是很细致的。把这些画装在特制的木箱内，就成了新洋片。当春节等节日活动时，配合剧团的文娱活动，美术系同学把洋片支好，一个同志来唱，一个同志操纵乐器，演一次可供三百人看，一天可演三场。这种形式，在农村里获得广大群众的欢迎和喜爱，对于提高农民的思想文化和阶级觉悟，起到了很好的效果。

我们还在冀中藁城、无极县一带，发现了民间的"战鼓"，这是一种健康而勇猛的群众舞蹈形式。我们的文工团就请这种"战鼓"的领导者做我们的教师。这样，就发展成我们后来在开国大典的游行队列中出现的四个大汉轮打的大战鼓。还有定县一带的腰鼓，我们从冀中的农村一直打到北京城，这种很为群众喜闻乐见的形式，很快开花结果，于是腰鼓又从北京打遍了全国。

总之，在束鹿农村将近一年的时间里，同学们的收获很大，主要是和群众的思想感情打成一片，自己的小资产阶级知识分子意识得到很大改造。当同学们离开束鹿县农村时，许多群众都流着泪拉着我们同学的手不放。

一年里，我们为党培养了大批干部，不仅绝大多数同学都作为工作队员参加了土改，而且输送了大量同学到人民解放战争的前线去参军、参战。安子文同志还到过大李家庄联大校部来调干部。

在输送干部上，有两件事我还记得很清楚。

一件是李再田参军。李原来是在重庆郭沫若同志那里工作的，抗战后期郭把李介绍到延安来找我，记得郭老的信中称他是"诗人李再田同志"。这确实是一位热情的诗人，当进入陕甘宁边区，问明脚下就是解放区的土地时，他热情地伏下来和土地亲吻，口里说着："可爱的土地呀！全中国就只剩下这一片了！"他到冀中后，曾分配在教育学院做国文教员。他的古文底子很好，对古诗很有研究，又会创作，又会用古韵演唱。每当有文艺晚会时，他都要登台表演，是全校闻名的人物。后来，他坚决要参军，要到已转移到烟台的东江纵队去。我们写了介绍信并派了两个通讯员，送他到烟台去。他临别时感情依依。但，这位热情的诗人后来不知到哪里去了。

还有一件是演员陈强的事。陈原是联大文工团的团员，以在《白毛女》中演黄世仁而出名。在束鹿时，他要求到大连去演电影。但是，文艺学院院长沙可夫同志不准他去，他就跑到我这里来诉苦，说着说着就哭起来了（据说他平时也很爱哭）。我最后批准了他去大连，他就高兴起来了，从此去东北演电影。如大家所知，他今天已经是很有名的电影演员了。

★ 陈强饰演《兄妹开荒》中的哥哥

三、从束鹿到正定，向石家庄工人阶级学习

一九四七年十一月，石家庄解放。我们学校很快又从束鹿县的农村迁到正定县城。正定距石家庄只有二十里，著名的北魏时代建立的大佛寺就在城里，大佛寺旁有一个天主教堂，规模很大，房子很多。此外，袁世凯的亲信之一王士珍（和段祺瑞、冯国璋并称为袁的"龙""虎""狗"，曾任过民国的国务总理）的房子，也在这城内，是一个几进几出的大宅院。同时，城内还有一个中学。所有这些，都为我们华北联合大学提供了比较宽敞的校舍。

我们搬进正定城的时候，下乡土改的同学们还没有回来，于是我们又派了一部分留校的同学到石家庄去帮助工作，向那里的工人阶级学习。这件事也很有成效。

例如，到石家庄纱厂去的同学们，完全放下知识分子的架子，很快和工人们打成一片，像老朋友一样。开始，工人们叫我们的同学为"××先生"，后来叫"××同志"，不久他们便毫无拘束，亲热地叫起"老×"，或不加称呼地叫名字了。熟悉以后，当工人们再提起刚来时，见了厂长、干部和同学们，像见过去国民党的科长、主任一样，点头哈腰一口一个"是"的胆怯劲，连他们自己也张着大嘴笑起来。

工人们常常豪爽而直率地告诉我们同学许多事情。他们常常是眼里冒着仇恨的怒火，滔滔不绝地向同学们诉说着身受的压榨，他们把过去的工厂比作"监狱"，把官僚资本家比作"吸血魔王"。

国民党统治工厂时期，每十天休息一天，每天劳动十二三小时，昼夜倒班，十天才能见到一次阳光。许多工人从十一二岁便上工，长时间立在机器旁边吸着花毛，有不少的工人得了肺病，生了老鼠疮（淋巴结结核），或者小小的人累弯了腿，走起道来像劳碌了一生的老人一样两面摇晃。在解放以前，他们的生活是一天赚了一天用干，经常有揭不开锅的危险。有个女工对我们的同学说："一听见笛声响，脑袋就涨，进了纱厂门溜着墙根走，见了拧眉瞪眼的科长，心里吓得直哆嗦，就怕人家找出错来开除了，一家大小的饭碗可就砸了。"

工人们常常提到：在前年过年放了四天假，科长们分菜钱，劈花红，花天酒地，真是"泡在酒里，烂在肉里"。而工人呢？在牛马般的劳碌中煎熬了一年，结果是四天的米煤全被厂方扣下了。这件事，惹起了工人们激烈的反抗，工人们说："他们鸡鸭鱼肉地吃，叫我们喝西北风呵！他们是人，咱们就不是人啦？！"工人们要求改善生活，可是出头要求的被厂方开除了。但工人们是决不屈服的，他们用怠工、破坏、偷料的办法来抵抗。有一个时期工人曾暗下约好，每人一天踩坏三个纱管。那时候，每天都见到一车车的坏纱管推出去。解放前，工人每天上下班，有人在门口搜身，但却挡不住工人偷纱。有时候，工人们背着科长、主任，竟在厂里公开交易起来了。偷懒、耍滑成为工人怠工的普遍办法，解放前的厕所是工人们的休息所、俱乐部。不管工头们如何监督，他们都看不住工人们这种团结反抗的心。

类似上述的一些事实，对我们的青年学生来说，是比"社会科学概论"更生动、更具体、感染力更强的好课堂。

同学们在纱厂帮助职工会组织工作，由工人群众选举出最忠诚、最公道的老工人做工会主任。这位老工人便是当年为要求发过年四天米煤的事而被厂方开除了的人，因为每个工人都看清楚了，他是代表全体工人利益的。这样，工人们就自动组织起来，迎接一个接着一个的伟大的任务——加紧生产、支援革命战争的任务。这些都给予我们的同学很大的教育。

同学们在工厂里也接触了一些工程技术人员，他们的转变对同学们的教育也很大。一位解放前就在这个纱厂里工作的工程师，为工人们惊人的劳动效果而兴奋地对同学们说："你们假如有地下工作者在这里的话，一定看得很清楚，现在工人劳动的态度和解放前根本不同了。"事实的确是这样：计划两个月的工作，四十天便完成了；被国民党炸得以为不可收拾的机器，工人们能从破片中又凑成一部车床，在很短的时间内，机器又转动起来了。现在工厂上下班没有人搜身了，但是没有人偷纱盗布。偶尔一次，不知道谁带了一管纱扔在门口，工人们都气愤地说："这种人真没有觉悟，解放了还办这种事！"在厂里，再也看不到一个人偷懒；厕所里安静得很，好久都见不到一个人。在地下看到一个纱管，谁都知道拾起来，送去修理。工人们一部帮一部，这班跟那班，互相竞赛。有一班落后一点，便看见他们焦急地找组长开会，讨论赶上去的办法。开工不久，为了支援革命战争，和解放区其他工厂一样，需要废除星期日，改为十天休息一次。我们的同学曾有人担心，这里是刚解放不久的工人，他们一定会为这事怨声载道。但是，这件事公布后，完全出乎意料，没听到任何人有一句怨言。当我们的同学问到工人时，大家都这样说："蒋介石把咱们的饭碗炸毁了，共产党领着咱们锔好饭碗。""这会儿干，也不是为那些官老爷干了，是为咱们自己干了！""战士们在前方打胜仗，咱们工人在后方生产也要打胜仗呵！"工人们这种明朗的态度，对两种生产制度的实质的认识，给了同学们很深刻的教育。

当解放洛阳、收复四平街的捷报传到纱厂时，工人们跳跃、欢呼，有人领头唱起"……收复一城又一城……"，大街上一片欢呼。每次胜利消息传来之后，都更加激发了工人们的生产情绪。经过上课、读报，每个工人都知道了"努力生产、支援前线"任务的伟大意义。虽然经过国民党飞机的轰炸，设备简陋得多了，然而细纱的磅数表一天天在上升，八小时的产量几乎和国民党时的十二小时一样了。

我们的同学在工厂帮助工人上课、读报。当同学给工人讲了上海申新纱厂工人因罢工而被反动派屠杀的消息后，工人们都气愤异常，有人在墙报上写道："解放军解放了咱们，咱们要加劲生产，把国统区的工人弟兄们救出苦海，早点跟咱们一样得到解放……"我们的同学被工人这种阶级友爱的真挚感情和他们阶级觉悟的提高而深深感动了。每天生活在爱憎分明的工人弟兄们中间，这对小资产阶级知识分子是最好的教育。

同学们给工人上课、读报，给他们讲一些解放区的职工运动和土地改革的各项政策时，工人们也经常展开热烈的讨论。他们由两种不同的意见，分成争辩的两个营垒，一边选出一个中心发言人——他们叫作"杠子头"。工人们常常是经过激烈的争论，而得出正确的结论，辩论失败的一方，也往往是抱着完全服从真理的态度，而改变自己的看法。

同学们还教工人们唱歌，帮他们组织高跷队、秧歌队。在纪念"二七"或过年、过节时，工人们都要化装到街头表演一天，表示他们解放后欢欣鼓舞的情绪。同学们教过的歌，成为工人生活中重要的内容，上工、下工，甚至在机器旁边，都传播着解放的歌声。五一劳动节时，工人们又反复学唱《国际歌》。他们一边唱这首歌曲，一边紧张地进行生产。从这首歌曲中，他们懂得了应该如何援助国统区的工人，应该如何联合世界上的无产阶级。

以上，讲的是一个典型——到纱厂学习的典型。通过这个典型，说明我们的学习、学校教育又发展到了一个新阶段，即进入城市、向工人阶级学习的阶段。

以后，我们文艺学院的同学们将这个典型纱厂的事迹，编成了一个

★ 华北联合大学秧歌队在演出

★ 华北联合大学学员参加
生产劳动

比较大型的话剧——《红旗歌》，在正定演，在石家庄演，进入北京后仍在演，以至演遍了全国。后来这个话剧又被改编为电影。

一九四八年五一节前后，我们去农村参加土地改革的同学们都回到正定来了。几个月来同学们在火热的阶级斗争中，得到了很大的锻炼和提高，都具备了相当的阶级觉悟。他们回来后，集中了一段时间，进行了认真的总结。学校党委也认真进行了整党建党工作，把同学中已经具备共产党员条件的人吸收到党内来。同时，中国新民主主义青年团（共青团前身）也在我校进行建团的试点工作，因此也在同学中吸收了一批青年团员，建立了解放区（也是全国）第一个基层团委会，第一任书记是李新同志。这几个月，在我们的校园里（天主堂院内）到处可以看到

★ 华北联合大学世界青年代表选举大会

★ 丁玲出席华北联合大学世界青年代表选举大会

★ 华北联合大学学生会赠送给世界青联的《中国革命形势图》

三五成群的青年团员互相谈心、交换意见，展开批评和自我批评。

　　在这一段时间，还有一件事可回忆的，就是世界青联要开会，中国解放区青联要派出代表，因此我们学校也进行了选举青联代表的工作。这个工作进行得也很热闹。各院同学都提出了候选人，然后进行竞选，每个同学参加会议都是那么认真，认真听取介绍，认真发言竞选，认真投票选举。会场上锣鼓喧天，标语口号五彩缤纷。当时，我们的同学大量是由国统区来的，这些同学参加这些选举活动后，感到是一次很好的民主生活的锻炼。

　　我们在正定城里居住的一段时间内，也经常教育同学注意和居民的关系，我们还经常为居民演出一些节目，也在剧院中正式公演过如《白毛女》（由王昆、郭兰英分任 A、B 角）等剧目。

★　郭兰英演《白毛女》

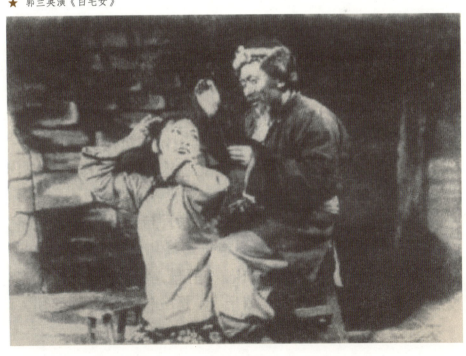

第三章　华北联合大学（解放战争时期）

籌辦陝北公學

實施國防教育培養抗戰人才

延特訊：月前抗
勤後，為了實施
抗戰教育，培養抗戰
人才，由林伯渠、吳
玉章、董必武、徐特
立、成仿吾、賀云逵
六人，在陝北延安
，發起建立陝北公
學。校址設立延安縣
，由成仿吾擔

任校長。該校內分政
治經濟系、師範速成
系、醫學系、國防工
程系主任。關於校防
及各種設備，正積極
籌備中。凡入學科員
額名額暫定
一千名，額第二百人
均一律收男生。凡
校已在三原、西安、
延安等三地設立有
名額。係於本年度十

程選者。日前已正式
成立籌備處，由成仿
吾為主持。關於校防
及各種設備，正積極
籌備中。
規定該
校已在三原、西安、
延安等三地設立有
名額。係於本年度十

四系初中畢業同學
前因行開辦。

第四章

从华北大学到中国人民大学

一、华北大学的成立

人民解放战争在第二年发展极为迅速，我们已由战略防御转入战略进攻，战争主要在国统区进行了，我们极大地扩大了解放区，拿下了敌人占领的许多大中城市，原来被分割开来的各个解放区已经开始连成一片了。这样，就为解放区政治、经济、文化等各项工作的统一准备了条件。

一九四八年八月七日至二十日，华北临时人民代表大会在石家庄召开，经过选举，组成了以董必武同志为主席的华北人民政府，统一了华北解放区的政权，并为全国中央政权的成立奠定了基础。

这种迅速发展的形势，要求我们党培养大量的各个方面的干部，以迎接全国的解放。

一九四八年春，我正在石家庄，有一天接到了周恩来同志的通知，要我去中央汇报工作。当时，党中央在西柏坡村，离石家庄还有一段距离，每天有一班卡车来往。我那一天去西柏坡，是和朱德同志同车去的。

到西柏坡后，住在一个简单的招待所，是和叶剑英同志同住一处的。

第二天，我就去见周恩来同志。恩来同志的办公室很小，是长方形的，除了摆着他办公用的桌子外，还有另一个办公桌，虽然不很大，却摆满了一二十面新中国的国旗图案。当我踏进恩来同志的办公室时，这些五颜六色的国旗图案首先映入我的眼帘，这使我马上意识到：党中央已在准备迎接全国解放和建立新中国的工作了。

我向恩来同志汇报了华北联合大学的情况后，恩来同志即传达了中央的决定，为了迎接全国解放，需要培养大量干部，中央决定将华北联合大学和晋冀鲁豫区的北方大学合并，由吴玉章同志任校长，范文澜同志和我任副校长。恩来同志传达后，还一再叮嘱要好好照顾吴老的身体。

从恩来同志那里出来后，我就去看刘少奇同志。少奇同志热情地接待了我，谈了一会儿话，我问少奇同志还有什么指示，少奇同志说，要讲的恩来同志已经讲了，没有什么指示了。谈着谈着，已是黄昏了，少奇同志留我在他那里吃晚饭。当时少奇同志的住房和家具也很简陋，那顿晚饭都是坐在小凳子上，围着一个小桌子吃的。正在吃饭的时候，王光美同志进来了，少奇同志作了介绍。那时光美同志在做少奇同志的秘书。

除恩来、少奇同志外，我这次去西柏坡还看到了毛主席，他连夜坐车赶来西柏坡，刚下车。我也和任弼时等同志谈了话。叶剑英同志还很关心地问到军委俄文班的情况，这个班原来是他管的，当时这个班交给了华北联合大学，另外新设立了一个英语班。

从西柏坡回到正定后，我即向全校教职员工传达了中央的指示，并

★ 华北大学副校长范文澜

★ 范文澜副校长作报告

号召大家积极做好准备工作，迎接北方大学全体师生的到来。

北方大学是在一九四六年春于晋冀鲁豫解放区的邢台市建立的，由我党著名的历史学家范文澜同志任校长，艾思奇同志当时也在那里做教员。学校设有行政学院、工学院、农学院、医学院、文教学院、财经学院、艺术学院等。各学院的师生们也都参加了晋冀鲁豫区的土地改革运动和支援前线的运动，思想觉悟都在不断提高。

华北联合大学的师生们从各个方面做好准备工作，迎接北方大学师生的到来，当时首先是准备好住房。华北联合大学的同学们不仅积极地争着腾房子，而且把腾出的房子打扫得干干净净，有的房子甚至打扫了三遍。北方大学同学到来的时候，看到这种情况，都很高兴。

一九四八年夏，就是在华北人民政府成立后的不久——八月二十四日，华北大学举行了成立典礼。

★ 联大文艺学院欢迎北方大学艺术学院抵达正定，合影留念

★ 北方大学工学院学员在进行专业实验（一）

★ 北方大学学员在纺线生产

★ 北方大学工学院学员在进行专业实验（二）

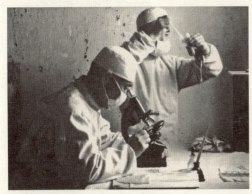

★ 北方大学医学院学员在进行化验实验

★ 北方大学学员到农村去

战火中的大学
从陕北公学到人民大学的回顾

★ 北方大学学员帮农民送肥

★ 北方大学学员集体读报

★ 北方大学学员学唱新歌

★ 北方大学学员在上课

★ 北方大学工学院学员在进行测验实验

★ 北方大学学员在山西潞城南天官村土改时留影（前排：薛英、王学治、张长庚、贾玉华，后排：石富英、刘步赢、李森）

这次典礼非常隆重。谢觉哉、胡乔木、周扬等同志都参加了大会。
董必武同志虽未莅会，但送来了亲笔书写的题词：

加深理论的学习

华北大学开学纪念

董必武

八月廿一日

谢觉哉同志亲笔书写的题词是：

造就为人民服务的人才

谢觉哉

胡乔木同志亲笔书写的题词是：

与工农兵亲密结合

是真正民主主义者的标志

祝华北大学开学

乔木

★ 华北大学成立典礼会场大门

周扬同志亲笔书写的题词是：

为人民革命战争与新民主主义
国家建设工作服务

周扬

在大会的来宾中，还有石家庄市中小学教联会、市青委会及大兴纱厂等参观团；送贺词的单位还有中共中央城工部、军政大学、石家庄铁路管理局、正定市党政民、正定县党政民、石家庄市教育界、青年界、工人剧社、石家庄市立女子中学、正定中学、石家庄市立师范学校等。

大会共进行了四天。

第一天是吴老和部分来宾讲话。在吴老讲话后，是各部的同学给学校献旗、献礼致敬。进行这个项目时，由十几把大小提琴和其他很多乐器组成的乐队奏起欢快的歌曲，欢腾的掌声鼎沸。当时有一个情景，使在场的人都非常感动！美术系在送的礼品———一幅水彩画中，画了在飘着校旗的华北绿色大平原上，和蔼可亲的吴老领着一个壮实的小孩子在学步——向前迈进，象征着吴老正在培育这一代的青年人。吴老看到这幅画后，立即转过身去，向党旗和毛主席像恭恭敬敬地行了一个军礼，说明培育青年人的成就，主要归功于党中央、毛主席。吴老这种谦恭的美德，确实值得学习。

第一天晚上，由同学们演出了新编的话剧《民主青年进行曲》。这是一部描写北平学生搞民主运动的话剧，由于许多演员和观众都是身临其境的人，所以演员演来非常精彩、逼真，观众们看着也无不感到非常亲切。

第二天，上午举行各种球赛。下午继续举行大会，由来宾发言。当时周扬同志是以华北局宣传部部长的身份来致贺词的，他在讲话中号召大家学习政治。他特别着重地指出，蒋管区的同学们在民主运动中有些办法了，是事实，如《民主青年进行曲》中所表现的就是；但那些办法还只是片面的、部分的，只有好好学习政治，才能有完善的革命办法。

艾思奇同志作为教职员代表讲话，他说："我们是革命的教育工作者，革命工作者的天职就是要为人民挑担子，肩膀上挑得愈重，就愈光荣。现在我们就要自问，我们能否挑得起这副担子？据我看，我们可以挑得起！因为这担子不是我们单独在挑，我们有很强的领导和很多的帮助。"因此他这样来勉励自己和勉励大家：第一，我们要巩固团结；第二，我们要努力学习。

讲话完毕后，由我向华北联合大学和北方大学几个应该毕业的班次颁发了毕业证书。晚上，放映了两部电影。

第三天，举行音乐晚会，内容有唱歌，有新疆的维吾尔民族舞，有各种合奏。文工团还演出了短剧《一百万》，表现的是石家庄解放后一个工人觉醒的故事。

第四天，继续举行晚会，演出的是太行区的名剧《赤叶河》，由原北方大学艺术学院的同志们临时赶排演出，剧作者阮章竞同志还亲自赶来参加导演，并将有些地方加以合理的修改。

四天来，在图书馆还举行了华北大学成立展览（有华北联合大学、北方大学的各项统计图表、照片，各种创作文稿，自制乐器，等等）和美术展览（有素描、年画、木刻、油画等）。

总之，这次成立典礼非常隆重、热烈，给华北大学两千多师生留下了深刻的印象。有许多从蒋管区来的同学说："华大，真是人才济济！""早来解放区两年，你看好不好？""我也是这样想。"有很多中学和师范的学生在参观之后，纷纷流露出羡慕的口吻说："咱也努力学习呀！将来也要上华大。"

二、华北大学各部情况及课程设置

华北大学成立时，全校共分四个部，两个院。

一部系政治训练班性质，由教务长钱俊瑞同志兼主任，林子明、陈唯实二同志为副主任。该部的任务是给入学的知识青年以马列主义及毛泽东思想的基本知识，初步奠定革命的人生观，了解中国共产党的纲领和政策，体会革命工作者应有的工作作风。

一部课程有以下四种：第一，基本理论，主要为辩证唯物论、历史

★ 一九四九年，华北大学校部同志合影（前排左一林子明、左二于立、左四成仿吾、左五艾思奇、左六吴玉章、左七沙可夫、右一何干之，后排左二钱俊瑞、左四尚钺、左五范文澜、左六艾青）

唯物论、政治经济学；第二，中国新民主主义革命运动史；第三，中共介绍，讲明中国共产党在思想上、政治上、组织上建设的原则；第四，政策，讲明中国革命的任务、性质、动力，中国共产党的最高纲领和最低纲领，新民主主义的总路线、总政策及各种具体政策。另设时事及工作方法等讲座。学习的基本精神是实事求是，追求真理，容许大胆怀疑与自由争辩。教学方法采取自学辅导、理论与实际活动相结合的方针。

一部的学习时间，视革命形势发展的具体情况而有所伸缩，一般是三个月到六个月。学生毕业后大部分外出工作，参加解放区的政治、经济、文化教育等项建设工作，一部分转入本校其他各部继续学习或从事研究工作。

二部系教育学院性质，任务为专门培养中等学校的师资及其他教育干部。由孟夫唐同志任主任，于力、何干之二同志任副主任。该部共设国文、史地、教育、社会科学、外语五个系和一个教育研究室。学习时间，外语系定为二年，其他各系均为半年。

二部教育内容，共同必修课程有三门：国文、社会科学概论、教育概论。国文系课程有近代文选、作文及文法、中国文字演变及中国新文学思潮等。史地系有中国通史、史料选读、世界革命运动史、美国侵华史及中外史地等。教育系有教育概论、教学方法、教育行政、教育统计及中国近代教育史等。社会科学系有社会科学概论、中国社会发展史、政治经济学及社会调查等。此外还设有各种讲座等。

为着理论与实际获得密切联系，二部的同志们还计划设立通讯研究部，以与各中学教员及时取得联系。他们还以当地的一个中学和师范学校作为实验学校。他们还参加各地教育会议，以了解各地教育情况；组织实习和参观，以验证所学内容是否与实际相符。

三部为文艺学院性质，以培养为工农兵服务的文艺干部为目的。由沙可夫同志任主任，艾青、光未然二同志任副主任。下设工学团、文艺

战火中的大学

从陕北公学到人民大学的回顾

★ 何干之

★ 于力向小学生了解学习情况

★ 华北大学二部外文系教员
与同学们一起讨论问题

★ 华北大学三部主任沙可夫　　★ 沙可夫给华北大学学员作报告

研究室、文工团及美术工厂、乐器工厂。

工学团以培养一般艺术干部为目的，由邵惟同志主持。其业务教育采取自学、互助、辅导、检讨和总结的方式，在校内帮助组织课余剧团以便实习，在校外则参加各种社会文艺活动。

文工团系工作团体性质，由舒强同志任团长，从事一定地区的文艺活动，并训练部队剧团、工人剧团，及教育乡间旧艺人。

三部设有美术工厂，主要印制年画；另设乐器工厂，制造胡琴、提琴等中西乐器。

四部为研究部，以研究一定的专门问题及培养、提高大学师资为目的。范文澜同志兼四部主任，艾思奇同志为副主任。该部同志分研究员及研究生两种：凡教授、讲师、教员参加一种研究工作的皆为研究员；研究生则帮助研究员进行研究工作。该部共设有八个研究室：

一是中国历史研究室，由范文澜同志兼主任，刘大年同志为副主任。当时集中力量研究并编写中国近代史。

二是哲学研究室，由艾思奇同志兼主任。当时集中力量研究并编写中国近代哲学史。

三是中国语文研究室，由吴玉章同志兼主任，丁易同志为副主任。当时集中力量研究中国新文字的文法。

四是国际法研究室，由何思敬同志任主任。当时着重结合现实研究

战火中的大学
从陕北公学到人民大学的回顾

★ 吴玉章校长和华北大学三部师生

★ 华北大学毕业学员

国际法上的几个问题，并拟编写国际法常识。

五是外语研究室，当时主要从事翻译工作。

六是政治研究室，由钱俊瑞同志兼主任。下分理论、政策、时事等研究组，以培养本校第一部的政治教员为目的。

七是教育研究室，由张宗麟同志任主任。当时集中力量研究中等教育中的各种问题。

八是文艺研究室，由艾青同志任主任。其主要工作为创作和研究，以指导和普及文艺运动。设有文学组、音乐组、美术组、戏剧组及编译组，由何洛、李焕之、江丰、邵惟、沙可夫（兼）等同志分别主持。

除四个部外，当时两个院（农学、工学）的情况是：

农学院以培养农业建设人才为目的，采用教育、研究、生产相结合的教育方针，由乐天宇同志任院长，下设三系：

经济植物系，除正常学习外，当时正在编著太行、太岳植物志，并和驻地政府合办了一所森林学校。

畜牧兽医系，当时以学兽医为主，附设有兽医院（各地设有站或分院）及部队兽医班。

糖业系，其课程以甜菜栽培及制糖为主，并附设有糖厂。

此外，还设有研究室，为全院事业推动的中心。还组织了农村教育工作队，分赴一定地区为农民服务。

工学院的任务，为培养国家的工业建设干部，以刘再生同志为院长，曾毅同志为副院长。院以下又分二部：

大学部，设电机、化工二系。所收学生为高中毕业、成绩优良者及曾在大学学习理工一年以上者。教学方法，为就现实急需的课程，从精从简，集中力量学好某一部分的技术知识。学习期限为二年。该部还附设有先修班和预备班，目的是使程度较差的学生可以经过一定时期的补习，升入大学部。

高职部，以高锡金同志为主任，设有化工、机械及电机等班。所收学员为初中毕业学生、高中肄业学生、工厂初级干部及技术工人。学习时间为二年。

除以上四部二院外，学校还设有图书馆，由教务处处长尹达同志兼主任，程德清、张照二同志为副主任。除总馆外，各部、院并设有分馆及资料室。全部图书共六万余册。此外，教务处另备有教材及教学参考书，共六十余种，四万余册，分别成批发至各部、班，供同学日常学习之用。

战火中的大学
从陕北公学到人民大学的回顾

★ 华北大学各系学员大合影

★ 华北大学小组讨论会

★ 郭兰英、王昆、孟于（左起）合影

　　除以上这些教学、研究机构外，还应该提到的是，平剧院这时也由于晋冀鲁豫区来了许多演员而增加了新的血液，剧目也更加丰富多彩了。如李和曾同志便是那时到正定来的，还有其他一些同志也是那时候的演员，因此，平剧院除演出了原来的一些剧目，如《三打祝家庄》等外，也演出了根据郭沫若同志的著作《甲申三百年祭》而改编的新历史剧。

　　这时的文娱生活，仍是丰富多彩的。王昆、郭兰英等同志不仅演出了《白毛女》那样的大剧，也演出了一些小剧，如《王大娘赶集》等。

　　这些演员不仅在正定演，而且经常到石家庄去演出。他们受到当地群众的热烈欢迎。

　　总之，正定时期的华北大学，规模是较大的，集中的名学者、名演员，也是较多的。吴晗、田汉、安娥等同志也都到学校来作过报告。华北大学的同学们说"人才济济"，情况确实是这样。

华北大学的许多机构，根据其业务性质，都有相对的独立性，我们也尽量使其发挥主动性。进入北京以后，许多机构都单独分出去了，而成为独立的大学或学院，或独立的事业单位。如：农学院发展为中国农业大学，工学院发展为北京工业学院，戏剧系发展为中央戏剧学院，美术系发展为中央美术学院，文工团发展为歌剧院、舞剧院，平剧院发展为中国京剧研究院，等等。现在还在演出的许多第一流的名演员，还都是我们的校友哩！

三、从正定到北平

一九四九年一月三十一日，北平宣告解放。

还在正定时，我们华北大学就成立了一个专门研究蒋管区高等教育

★ 华北大学进入北平城仪式

情况的机构。北平解放时，我们派出了许多干部，由钱俊瑞同志率领，参加了北平市军管会中的文管会的工作。华北大学也积极准备向北平搬迁。

我是北平解放后的第三天坐着一辆小吉普车进城的，住在南池子的一所原国民党特务机关的房子里。这时我们到处奔走，为华北大学找房子。最后，看妥了铁狮子胡同、东四六条、襄衣胡同、海运仓等几处房子。但是，在搬迁过程中，海运仓的房子发生了问题。

海运仓原为朝阳大学旧址，刚解放时为一个机关办训练班占用。这所房子经决定拨给华北大学使用，这本来都已向恩来、少奇、弼时同志请示过，并已和陆定一同志谈妥，由谢觉哉同志通知用房单位。当时，由于种种原因，谢老还未及通知，而华北大学又用房很急，结果，我去接洽时对方觉得很奇怪。我很着急，因为华北大学师生即将来京，开课在即，矛盾无法解决。因此，在一天的下午四五点钟的时候，我就跑到中南海，拉上陆定一同志一道去找少奇同志。少奇同志听我把情况说完后，立即拿起电话告诉谢老，通知原占房单位应按原议给华北大学腾房。少奇同志打完电话后又立刻转身对我说："你们不要着急，办事情要有一个过程。你们就晚几天再搬吧。"不久，华北大学的房子就解决了。从这一件小事中，我们深深体会到，少奇同志有一种雷厉风行的作风，讲求工作效率；同时，他又很善于做深入细致的思想工作。

进入北平，开始办理招生工作时，我们曾有过一种设想，以为进入大城市了，这里的文化水平很高，学校应该办得正规一些，学生条件应该严格一些，主要招高中毕业生，学习期限也应该长一些。但是，中央指示我们应该放手招生，把招生条件放宽。因为，这时我们中国人民解放军正准备打过长江去，解放全中国，需要迅速培养出大批干部，随军南下。而我们设想的招生计划是不能符合这种需要的。因此，中央要我们敞开门来办学，来者不拒，大量吸收知识分子。

★ 华北大学学员出发参加开国大典

★ 吴玉章参加开国大典

★ 参加开国大典游行的华北大学彩车

★ 大批青年涌入华北
大学北平招生处报名

★ 无人监考的入学考试

　　遵循中央的方针，我们把重点放在一部，即短期政治训练班上，大量招收知识分子。为此，我们还在天津、正定各办了一个分部，以解决北平房屋不够用的矛盾。天津分部由宋涛同志负责，正定分部由李新同志负责。北平、天津、正定三地共办了十几个区队，招了好几千学生。课程仍是社会发展史、辩证唯物论、中国革命史、新民主主义论，再加一些时事、政策等。这时，我们除派本校教员授课，还请了校外的有关领导人和专业工作者来校作报告。这一批学生举行毕业典礼时，朱德总司令和郭沫若同志等都来了，朱德同志讲了话，鼓励同学们随军南下，去解放全中国，给了大家很大鼓舞。

战火中的大学
从陕北公学到人民大学的回顾

★ 华北大学正定十二区全体干部于一九四九年十月一日

★ 华北大学学员向朱德献礼

　　这批学生在八月间毕业，随军南下，他们在长江以南各个地区各个角落，撒遍了革命的种子。这批种子，早已生根发芽、开花结果了。

　　六月间，华北大学在中山公园音乐堂举行校工会成立大会。这是根据李立三同志的倡议而成立的。李立三同志到会讲话。选举鲍建章为校

★ 欢送南下去、西北去毕业生

★ 华北大学工会筹备会、华北大学学生会、青年团华大团委会赠给前往西北参加工作的学员的旗帜

★ 华北大学十九班毕业同学送给母校的锦旗

★ 华北大学一部副主任陈唯实在十九—卅班同学毕业典礼上致辞

★ 吴玉章在华北大学一部十九—卅班同学毕业典礼上讲话

★ 朱德参加华北大学一部毕业典礼

工会主席。华北大学同学毕业之后，留下二百来人成立俄文大队，为继续办校培训干部、学习俄文。华北大学的教职员工开始了筹办中国人民大学的工作。

★ 宣誓：到革命最需要的地方去

★ 华北大学一部毕业典礼在中山公园举行

四、中国人民大学的创办

中华人民共和国成立，为了培养新中国的财经和政法、外交等方面的专门人才，中央决定成立中国人民大学，以有着解放区教育传统的华北大学、华北人民革命大学、政法干校作为基础，因为旧中国的许多大学那时并没有这方面的专业，而且那些学校也未经过改造，还不能适应这方面的要求。

特别应指出，中国人民大学的创立受到刘少奇同志的直接关怀，从组织筹备委员会到拟定具体计划，他都参与并主持工作。一九四九年十一月十二日，少奇同志亲自写信给毛主席和中央政治局，报告创立中国人民大学的筹备经过，建议政治局通过中国人民大学的建校计划。这封亲笔信现仍存我校档案室中，成为中国人民大学建校史上的一份珍贵文献。

根据中央政治局的建议，一九四九年十二月十六日，中央人民政府政务院第十一次政务会议通过了《关于成立中国人民大学的决定》。这个决定的全文如下：

★ 经济系主任宋涛

★ 经济计划系主任马纪孔

★ 财政信用借贷系主任崔希默

★ 合作社系主任张崇山

★ 工厂管理系主任张琳

★ 贸易系主任马乃庶

★ 法律系主任朱世英

★ 外交系主任何戊双

中华人民共和国业已诞生，人民解放战争即将在全国范围内获得全面的彻底的胜利，新国家的伟大建设工作已经开端。为适应国家建设需要，中央人民政府政务院决定设立中国人民大学，接受苏联先进的建设经验，并聘请苏联教授，有计划、有步骤地培养新国家的各种建设干部。人民大学受中央人民政府教育部领导，在大学内设本科及专修班。大学本科暂设：（一）经济系，（二）经济计划系，（三）财政信用借贷系，（四）贸易系，（五）合作社系，（六）工厂管理系，（七）法律系与（八）外交系，学习期限为二年至四年。专修班暂设：（一）经济计划、（二）财政信用借贷、（三）贸易、（四）合作社、（五）工厂管理、（六）统计、（七）外交、（八）教育、（九）法律等班，学习期限暂定六个月。

接着，中央人民政府教育部又作出了《关于中国人民大学实施计划的决定》，其中除复述政务院的决定外，并规定了课程和教材的问题，指出："本科第一学期课程除每系设有有关专门业务知识的科目及俄文、体育外，并按各系性质分别设马列主义、新民主主义论、中国革命史及政治经济学等课。"

中央还决定任命吴玉章同志为中国人民大学校长，由胡锡奎同志和我任副校长。

这样，我们经过一段积极的准备工作之后，便在一九五〇年二月先行招生和上课了。

新中国成立初期，我们国家的财政经济情况还是比较困难的。但在那种困难的情况下，国家还是拿出很大力量来办中国人民大学，只举这样一件事实就足以说明问题了：一九五〇年，中国人民大学的经费占了中央人民政府教育部的全部概算的五分之一。这说明国家对中国人民大学的期望是如何深切！

★ 中国人民大学专修科校区

★ 吴玉章、成仿吾与苏联专家的合影（前排右三为吴玉章，后排右二为成仿吾，前排左一是李培之）

★ 《中国人民大学招生简章》（一九五○年一月二十七日）　★ 本科女生

在办校的第一年里，我们主要抓了两件事：上好理论课和建立教研室。

根据中央决定，各系学生第一学期都要上几门理论课，因此在各系学生到齐之后，我们首先抓的就是上好这几门理论课。当时我们是这样认识和实施的：

中国人民大学办学的目的是要为国家培养德才兼备的建设人才，因此政治理论课在整个教学工作中占着极端重要的地位。本科政治理论课程的教学时数，约占全部教学总时数的20%；在专修科则约占30%。有人以为我校的学生中工农老干部多，而且党团员占大多数，因而政治理论课程的比重似乎应该减少一些。其实，我们正是针对这种情况，才把政治理论课程的比重加以适当的提高。因为我们的学生将来是要培养成为国家建设工作中的骨干，所以他们就需要更好地学习马克思列宁主义。我们专修科政治理论课的比例最高，占总时数的30%左右，就是因为他们大多数是在职的领导干部的缘故。斯大林曾说："如果实际工作者不研究列宁主义，不努力掌握列宁主义，不愿意把自己的实际工作同必要的理论学习结合起来，他们的遭遇就会是这样：摸索着工作，在黑暗中工作。"（《论共青团的任务》）正因为我们学生中有许多缺乏必要理论训练的实际工作者，因此，加强政治理论学习对他们是十分必要的。

政治理论课共有四门，即马列主义基础、政治经济学、中国革命史、辩证唯物主义与历史唯物主义。

马列主义基础的教材是《苏联共产党（布）历史简要读本》。毛泽东同志在《改造我们的学习》中就指出，研究马克思列宁主义，应以《苏联共产党（布）历史简要读本》为中心材料，他说："我们看列宁、斯大林他们是如何把马克思主义的普遍真理和苏联革命的具体实践互相结合又从而发展马克思主义的，就可以知道我们在中国是应该如何地工作了。"

在学习这门课程时，我们提出的要求是：

首先，弄清马克思列宁主义的一些基本原理原则。为此，就必须配合着苏联共产党的历史来研究马克思、恩格斯，尤其是列宁、斯大林的若干重要著作。只有当深刻地理解了马克思列宁主义的基本原理之后，

★ 欢迎以米哈依洛夫为首的苏联青年代表团

第四章　从华北大学到中国人民大学

才有可能了解列宁、斯大林是如何运用马克思主义解决俄国的革命问题又从而发展了马克思主义的。

其次，要理解列宁、斯大林如何把马克思主义的普遍真理和苏联革命的具体实践相结合并从而发展马克思主义的，就必须了解俄国革命当时的具体情况，因此对当时历史情况的研究也是很有必要的。有人以为我们既然是学习马克思列宁主义，那就只消把马克思列宁主义的原理原则学习一下好了，何必去管那很麻烦的俄国革命的历史情况呢？这种脱离具体历史情况来学习理论的办法是不对的。由于学生缺乏西方历史和苏联历史的知识，学习马克思列宁主义是有困难的。因此，我们要求教员在讲授这门课程时，凡涉及一些历史情况的，都要向学生讲解清楚或者指定学生阅读一些有关的参考书。

最后，我们特别强调的是，学习马克思列宁主义必须联系中国的实际，理解毛泽东等老一辈无产阶级革命家是如何运用马克思列宁主义来解决中国革命问题并从而发展了马克思列宁主义的。同时，在联系中国情况的时候，还应该进行具体的分析，而不可只作简单的类比。例如讲到俄国的马克思主义者如何与民粹派作斗争的时候，联系到中国的民粹主义思想特别是各种主观社会主义思想来加以批判是完全必要的；但若不把中国的民粹主义思想及其他各种主观社会主义思想产生的具体条件、表现形态及其历史作用等加以分析并指出其和俄国民粹主义的异同之处，则不但不能加深学生的理解，反而会引起学生思想的混乱。因此，联系中国情况又必须十分慎重。

对学生来说，在四门政治理论课中，以政治经济学最为难学习。马克思列宁主义原著中关于政治经济学的著作一般都是较为艰深的，而许多通俗的解释著作又大都不完满，在没有一本简明晓畅的教科书的条件下来讲授这门科学确是有很大的困难的。我们解决这个困难的办法是：首先让教师比较准确地掌握这门科学。只有教师学通了才能把学生教通，我们坚决反对只凭一知半解就去随便解释问题。我们这样做在开始讲授的时候不免有些生硬，等教师对这门科学掌握得比较熟练以后，这个毛病便逐渐克服了。在这方面，教研室的组织起了很大作用，这个问题下面还要专门谈到。

其次，在如何教懂学生方面，我们也想了一些方法。当然最根本的问题是教师的水平问题而不是方法问题，但在教师已基本掌握这门课程的条件下，教学方法就有着重大的意义了。要教懂学生就必须了解学生，根据对象来进行教学，这对任何一门课程都是必需的，对政治经济学尤需如此。只有内容适合学生的程度，例证为学生所熟悉，而且语言也生动有力，学生对课程才能真正接受和理解。此外，适当地利用统计数字与图表，对教学也是很有帮助的。

最后，我们还向教师强调指出，必须遵循毛泽东同志的意见，要引导学生研究中国经济的特点。例如讲商品生产，除了说明商品生产的一般规律外，不但要阐明在旧中国社会经济条件下商品生产法则是如何起作用的，而且还要阐明过渡性的社会经济条件下小商品生产的发展为什么会有不同的道路和方向。

中国革命史课程的目的，在于通过中国共产党领导中国革命的历史，来讲述马克思列宁主义与中国革命具体实践相结合的毛泽东思想，按其内容说来本应是中国共产党的党史，因为当时还没有现成的党史教科书，所以叫作中国革命史。我们没有把这门课程叫作新民主主义论（开始时，也一度称新民主主义论），因为新民主主义论不能包括全部毛泽东思想，而且也不应该脱离开历史来讲授新民主主义的理论。按照我校的教学计划，中国革命史是排在马克思列宁主义和政治经济学的后面的。意图是，学生获得了一些马克思列宁主义的基本知识以后再来学毛泽东思想，就容易领会毛泽东等是如何运用马克思列宁主义来解决中国革命问题并从而发展了马克思列宁主义的了。

应该如何讲授中国革命史这门课程？最初一个阶段我们主要是讲授了许多革命历史事实，理论分析所占比重较少；有的同志提倡以论带史后又产生了历史事实讲得过少，以至使理论的讲授有脱离历史的倾向。经验证明，如果不能很好地把理论与历史结合起来，学生对毛泽东思想的理解是不能深刻的。例如通常在学习党史之前，都先学《实践论》《矛盾论》，这对于有一定革命经验和理论水平的干部说来是正确的，但对青年学生或不具备上述条件的干部说来，则不如学到了土地革命战争之后再学《实践论》《矛盾论》，这时已有了初步的党史知识，特别是知道了教条主义对党的危害的具体历史，因而对《实践论》《矛盾论》的理解就可能较为深刻了。

我们讲授中国革命史的经验，在今天仍然有着现实意义。"四人帮"出于篡党夺权的目的，把党史缩小为党内路线斗争史而加以歪曲篡改，使幼稚天真的青年学生的历史知识等于零。我们始终认为，在讲授中国革命史的时候，必须首先充分揭露革命敌人的一切罪恶，赞扬中国共产党领导人民的英勇斗争，使学生划清革命和反革命的界线，并通晓中国近代社会和中国革命发展的规律。在通晓这些规律的基础上，才有可能使学生理解党的正确路线和政策是如何战胜党内外一切错误的和机会主义的路线和政策，从而指导中国人民取得了伟大的胜利的。

辩证唯物主义与历史唯物主义，是中国人民大学当时最后讲授的一门政治理论课。我们之所以把它排在最后来讲授，是因为它所阐明的是自然的和社会发展的最一般的规律，如果没有更多的科学知识和实际知识，要想很好地理解这门课程是比较困难的。在中国人民大学开办初期，大多数专业还没有设这门课程，只有少数专业才设这门课程。根据当时及稍后这门课程的任课教师的经验，大概有这么几点体会：

第一，由于辩证唯物主义与历史唯物主义阐述的是最一般的规律，所以人们对它的理解容易流于空泛而不切实，因此在讲授这门课程的时候必须运用现实的生动材料和科学的最新成果来充分地加以论证，只有这样才能使学生正确地、深刻地、具体地了解这门课程。当然，运用的材料应该是学生最为熟悉的和最感兴趣的，切不可故示渊博，在学生面前卖弄玄虚，因为那样势必论证愈"丰富"，学生愈糊涂。

第二，在讲授辩证唯物主义和历史唯物主义的时候，对于一切反动的和错误的理论思想，尤其是对现实生活中和学生思想中尚有影响的各种反动的和错误的理论思想，必须加以彻底的批判，只有这样才能使学生摆脱一切反动的和错误的思想影响，建立起马克思主义的思想体系来。而这样做就是从根本上联系了思想实际，比枝枝节节地去解决学生的个别的所谓思想问题要有力得多。

第三，由于学习辩证唯物主义与历史唯物主义的目的是掌握正确的立场、观点、方法，而不是寻章摘句和咬文嚼字，因此必须引导学生学会正确地运用这个立场、观点、方法去解释和解决现实生活中的具体问题。这固然是困难的，却是十分重要的。否则，它便不是马克思主义，而是教条主义或经验主义。

以上，就是中国人民大学建校初期开设四门政治理论课的基本状况。

应该指出，我们在建校初期，教师数量是严重不足的。政治理论课不得不仍然采取上大课的办法进行，许多专业课则没有教师或缺少教师。

在这种情况下，我们则千方百计设法自己培养教师，并采取组织教研室的办法来保证教学和科研工作的进行，因为，教研室是高等学校的基本教学组织，是高等学校教育方针和教学计划的具体执行者，教研室工作的质量直接决定着教学质量，并在很大程度上最后决定着干部培养的质量。

教研室的中心任务是教学和科学研究工作。教研室组织的重要作用及其巨大优越性就在于它是具有高度组织性与纪律性、高度的思想性与创造性的集体。它使高等学校的教学与科学研究工作有组织、有领导、有计划地进行，使教学与科学研究工作与国家建设的实际紧密地结合，使之完全适合于国家政策与国家建设实际的要求，从而保证教学质量不断地提高。

中国人民大学从一九五〇年建校之初即设立教研室组织，很快就发展到四十多个。这些组织在接受先进科学与先进教育经验、完成教学工作、培养师资、编写教材、与业务部门联系、积累资料、科学研究等方面做了许多工作，基本上保证了教学任务的完成。

和教研室建立的同时，我们即开始了研究生的培养工作。这一工作在教研室以及整个学校工作发展上都具有一定的战略意义。这不仅为学校的发展准备了足够的教学后备力量，也使教研室从此取得了培养师资的经验。

随着学习与教学工作的进行，教研室也逐渐开始了与实际工作的联系和科学研究工作。但当时还是以学习苏联科学为主，配合学习和教学进行一些参观、实习活动，并向有关业务部门搜集一些实际资料。但对业务部门还只能是单方面地要求帮助，还不能给予任何帮助，且工作的

★ 宋涛辅导政治经济学研究生

进行也不够经常。科学研究工作的开始，较之学习理论更为困难，一般地还只能按讲义内容稍微改变一下形式来复述一遍，很少能结合我们中国建设的实际加以创造性的发挥。因此，初期的科学论文一般是不能令人满意的。而之后我们在思想上大力提倡、发动，并实行一系列的具体政策（如设立科学研究奖金，鼓励较好的研究成果），便使我们一年一度的科学讨论会（有全校大会和各系分会）开得比较像样了。

在建校初期，我们的翻译组和资料室也建立起来并开始积极地工作。尤其是翻译组，凡是教学和工作上所需要的都尽可能多地迅速翻译出来，质量虽不高，错误也很多，但也及时地满足了当时学习和教学的需要，保证了教学工作的正常进行。

建校初期，我们的图书馆工作也在抓紧进行，使我们的藏书迅速增加到二百多万册，配合了教学的进行。

出版工作是保证教学的重要环节之一。中国人民大学自一九五〇年二月即成立了独立的出版机构，任务是出版全校教材，对出版物进行文字加工及技术设计，并不断提高教材的出版质量。中国人民大学出版社的建立，对于配合我校教学和科学研究工作的进行起了很好的作用，对于满足兄弟院校和社会上关于一些教材、资料的需要，也起了良好的作用。

建校初期，除抓紧教学工作和教师的培养工作外，我们对学生的自治工作也非常重视。一九五〇年六月十日，中国人民大学学生会召开了第一届会员代表大会，选举了正式的校学生会委员会。我应邀出席了这次大会，并提出以下四点要求勉励同学：（一）要有高度的政治觉悟——马列主义的觉悟；（二）要掌握先进的科学知识与技术；（三）要有高度的文化修养；（四）要有健康的身体。

当时，我校又根据全国学联的通知，要选派代表两人参加一九五〇年八月在布拉格召开的第二届世界学生代表大会，因此我校学生会又在七月二日召开了第二次代表大会，正式选出了李荣春、金秀玲两位同学

战火中的大学
从陕北公学到人民大学的回顾

★ 哲学系教师王方名给高玉宝等预科生上课

★ 政治经济学教研室苏星讲课

★ 工厂管理系在沈阳机床一厂计划科实习

★ 中国人民大学第二次科学讨论会

为代表。

李荣春同学是我校外交系的学生，十四岁时就参加了红军，并参加过伟大的二万五千里长征，是我校第一届学生会主席。他在当选为出席第二届世界学生代表大会代表后发表感想说："本来，我是一个几乎没有进过学校门的穷孩子……参军之后，由于红军（后来的八路军，人民解放军也是一样）如同一个学校一样，它除了作战外，每个人都可以在这里学到文化以及各种知识，我就是在这个'学校'中与其他像我一样在旧社会里上不起学的同志在一起，学习了文化科学知识，逐渐地提高了自己的文化水平。在中国人民战胜了蒋介石，建立了中华人民共和国，刚刚创办起中国第一个人民的新型正规大学的时候，我又立刻得到了来这个大学受高等教育的机会，并当选了出席世界学生代表大会的代表，心里真是有着难以言语形容的感慨。"

金秀玲同学是工厂管理系的同学，原是北京被服一厂的缝纫女工。她在当选后兴奋地说："这次我被选为出席世界学生代表大会的代表。在当选的那天晚上，我半夜没睡着觉，高兴得不知道心里想些什么才好，翻来覆去地在想：这真是连做梦都想不到的事儿，过去的'臭工

★ 吴玉章校长和工农速成中学郝建秀、陈树兰在一起

★ 中国人民大学附设工农速成中学

人'‘棉花妞’今天也能上大学、当代表，并且还要出国。这是为什么呢？这是谁给我的呢？这都是中国共产党和毛主席英明的领导和人民解放军所给我的。我要感谢人民解放军解放了我，共产党和毛主席救了我。为此我要更加努力地学习，努力地工作，完满地实现国家和人民对我的期望。"

中国人民大学在一九五〇年二月就开始招生上课了，实际上已经开学。但是正式举行开学典礼是在一九五〇年十月三日，这也表示中国人民大学是随着中华人民共和国的诞生而成立的。

一九五〇年十月三日，是一个秋高气爽的晴朗日子。这一天，我们全校师生员工都兴高采烈，老早就把会场打扫得干干净净，队伍坐得整

★ 一九五〇年十月三日，中国人民大学开学典礼会场

★ 刘少奇出席中国人民大学开学典礼并讲话

★ 朱德出席中国人民大学开学典礼并讲话

★ 中国人民大学校长吴玉章出席开学典礼并讲话

★ 参加开学典礼的中国人民
大学学生

整齐齐，等待着领导同志的到来。下午三时，少奇同志、朱德同志，还有中央教育部的其他负责同志都来了。少奇同志和朱德同志都发表了重要讲话。

少奇同志一开头就讲了这么一段话："中国人民大学今天开学了。这个大学是我们中国第一个办起来的新式的大学……中国将来的许多大学都要学习我们中国人民大学的经验，按照中国人民大学的样子来办"。少奇同志这段话的意思是：当时全国解放不久，我们从旧中国接收过来的高等学校，还未来得及改造和调整，而这是需要一个过程的。在这段时间内，有解放区教育传统的中国人民大学应该起一些示范作用。当时听到少奇同志这番话，我感到这是对中国人民大学的莫大鞭策，同时也感到我们责任的重大。

接着，少奇同志指出了资本主义和社会主义两种教育制度的根本区别，强调了中国人民大学在新中国的经济建设中应起的作用。他以贸易经济为例说："贸易工作很重要，新经济政策中，贸易工作是中心的一环。列宁曾号召全苏共产党员学习做生意，只有巩固经济，才能巩固社会主义。所以今天的贸易工作对中国的经济建设是很重要的一环；我们要掌握这一环，为人民做生意，生意做得好，就可以使生产发展起来，很快的走向社会主义。"

第四章　从华北大学到中国人民大学

战火中的大学

从陕北公学到人民大学的回顾

★ 一九五八——一九五九学年第二学期开学第一天吴玉章深入新闻系检查教学情况——图为吴玉章在听赵侃给一年级讲古典文学

★ 马列主义研究班学生在讨论

★ 二十世纪五十年代本科学子

★ 马列主义研究班毕业合影

少奇同志在讲话中还特别强调了理论联系实际的重要性，批评了旧大学所学非所用的现象。他在讲到这个地方的时候，还非常生动地举了我和鲁迅的例子：成仿吾在日本是学兵工的，鲁迅在日本是学医的，结果都成了文学家。他指出："我们的人民大学就要克服这些缺点，我们学什么将来就做什么。"

　　少奇同志在讲话的最后强调了要办好学校必须加强团结和具有实事求是的精神。他语重心长地说："大家团结起来互相帮助，领导上要团结，工作人员与学生要团结，大家要团结在为人民服务的马列主义基本观点上，不要自私自利，不要违反人民利益，要大公无私，不要背叛人民，要为人民的利益去服务，要走向社会主义，要改造中国。同志们，我们要用马克思主义的基本观点，不要主观主义、教条主义、经验主义，要辩证唯物主义，以实事求是的精神学习、工作，学校才会更快的办好。"

★ 毕业生离校前合影

★ 马列主义研究班毕业典礼

三十年过去了，但少奇同志的这些谆谆教导，却萦绕在我脑海，始终不能忘记。

朱德同志的那次讲话，除表示祝贺外，还特别强调了办专修科以应当前需要的重要性。这个问题，也是我们在办中国人民大学的过程中十分注意的问题。

中国人民大学开办以后，由于党中央的直接领导和关怀，依靠全体师生员工的共同努力，曾作出了一定的成绩。它为各地培养了一大批从事理论和财经工作的干部，现在有许多人已经成为那里的骨干。

中国人民大学在开办过程中，也有许多缺点和错误，如教条主义倾向就是一种。但这只是支流。由于这个学校继承了老解放区的教育传统，从建校一开始就提出并积极贯彻了理论联系实际、外国先进经验和中国具体情况相结合的教育方针，因此缺点和错误一经发现和指出，都逐步改正了。

但是，三十年来的中国人民大学，遭受了两次严重的破坏。一次是五十年代末的所谓"教育革命"。由于当时康生等所谓"理论权威"的直接干扰（康生曾多次跑到中国人民大学来发号施令），使中国人民大学面目全非，教学秩序被打乱，教学人员心绪散乱，学校已不成其为学校。另一次是十年的"文化大革命"。林彪、"四人帮"、陈伯达、康生

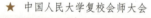

★ 中国人民大学复校会师大会

等的干扰和破坏，不仅革掉了文化，也毁灭了教育，中国人民大学也因而被迫停办。

一九七六年十月，党中央领导全国人民粉碎了"四人帮"，挽救了国家，挽救了党，也使中国人民大学死而复生。一九七八年四月，中国人民大学恢复。在复校过程中，邓小平同志亲切关怀并直接指导，党中央任命我为校长、党委书记；郭影秋为副校长、党委第二书记。恢复和新建共十五个系，七个研究所。从一九七八年到一九八〇年，在困难条件下招生二千余人。一九八〇年十月三日，举行了隆重的纪念中国人民大学成立三十周年的校庆大会，从陕北公学算起是四十三年的校史了。从一九五〇年十月三日中国人民大学举行开学典礼，已经整整三十年了，在开学典礼上发表重要讲话的刘少奇同志，今天已平反昭雪，这就更使我们百感交集。

三十年来，中国人民大学大体经过了这么几个阶段：创业、破坏、恢复、浩劫、停办、复校。

我们这所大学是党中央直接关怀下创办起来的无产阶级的教育阵地。我校是在战斗中、战火中付出了鲜血的代价而成长起来的，这在古今中外教育史上放射出夺目的异彩。因为从陕北公学开始，我们校史的特点是在战火中办大学，我们要继承我校的光荣革命传统，我着重回顾我们在战争年代的校史，就是要使教育战线的同志们不要忘记过去艰苦斗争的年代，承前启后，继往开来，在党中央正确领导下，为建设高度民主、高度文明的现代化的社会主义强国而努力！

★ 中国人民大学复校时校门

★ 一九八〇年十月三日，中国人民大学命名组建三十周年纪念大会在首都体育馆隆重举行，老校友们热情表演延安秧歌和腰鼓

★ 成仿吾、郭影秋和复校后第一批研究生

★ 中国人民大学"实事求是"石

★ 中国人民大学西校门

图书在版编目（CIP）数据

战火中的大学：从陕北公学到人民大学的回顾／成
仿吾著 . -- 北京：中国人民大学出版社，2023.8
（中国人民大学校史文库／张东刚，林尚立总主编）
ISBN 978-7-300-32009-0

Ⅰ . ①战… Ⅱ . ①成… Ⅲ . ①中国人民大学－校史
Ⅳ . ① G649.281

中国国家版本馆 CIP 数据核字（2023）第 141314 号

中国人民大学校史文库
总主编 张东刚 林尚立
战火中的大学
——从陕北公学到人民大学的回顾
成仿吾 著
Zhanhuo zhong de Daxue

出版发行	中国人民大学出版社	
社 址	北京中关村大街31号	**邮政编码** 100080
电 话	010-62511242（总编室）	010-62511770（质管部）
	010-82501766（邮购部）	010-62514148（门市部）
	010-62515195（发行公司）	010-62515275（盗版举报）
网 址	http://www.crup.com.cn	
经 销	新华书店	
印 刷	涿州市星河印刷有限公司	
开 本	720 mm×1000 mm 1/16	**版 次** 2023年8月第1版
印 张	15.75插页2	**印 次** 2023年9月第2次印刷
字 数	193 000	**定 价** 59.00元